국가직무능력표준
(NCS, national competency standards)

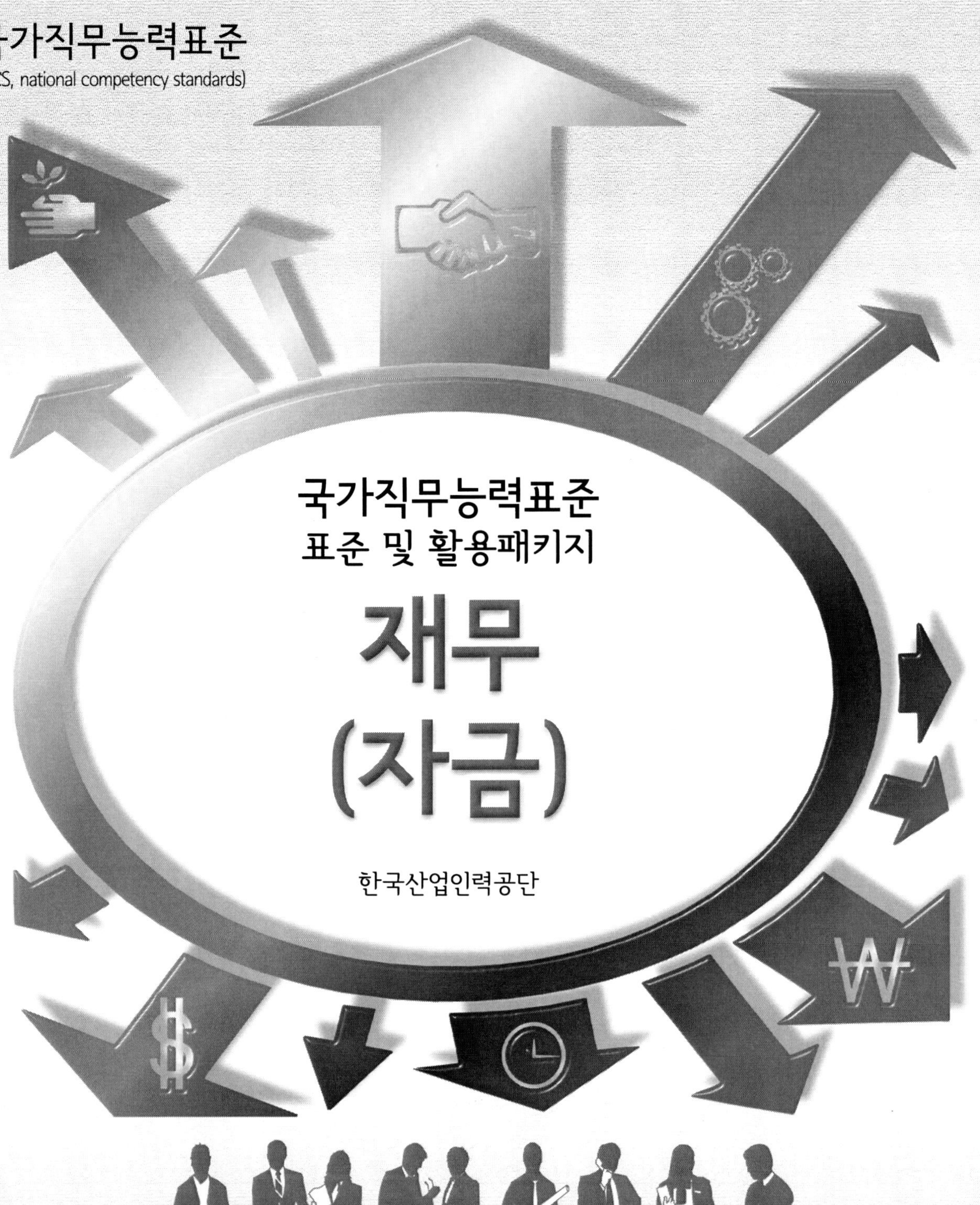

국가직무능력표준 표준 및 활용패키지

재무 (자금)

한국산업인력공단

국가직무능력표준
표준 및 활용패키지 **재무(자금)**

초판 인쇄 2015년 05월 22일
초판 발행 2015년 05월 26일
저자 한국산업인력공단
발행처 진한엠앤비
주소 서울시 서대문구 독립문로 14길 66 210호
(냉천동 260, 동부센트레빌아파트상가동)
전화 02) 364 - 8491(대) / 팩스 02) 319 - 3537
홈페이지주소 http://www.jinhanbook.co.kr
등록번호 제313-2010-21호 (등록일자 : 1993년 05월 25일)
ⓒ2015 jinhan M&B INC, Printed in Korea

ISBN 979-11-7009-307-7 (93550) [값 : 15,000원]

☞ 이 책에 담긴 내용의 무단 전재 및 복제 행위를 금합니다.
☞ 잘못 만들어진 책자는 구입처에서 교환해드립니다.
☞ 본 도서는 「공공데이터 제공 및 이용 활성화에 관한 법률」을 근거로 출판되었습니다.

I. 국가직무능력표준 개요

1. 국가직무능력표준 개념 · 03
2. 사업수행 법적근거 · 03
3. 국가직무능력표준 구성 · 04
4. 국가직무능력표준 수준체계 · 05
5. 국가직무능력표준 분류체계 · 06

II. 환경분석

1. 노동시장분석 · 09
2. 교육훈련 현황 분석 · 11
3. 자격 현황 분석 · 16
4. 해외사례 분석 · 17

III. 표준 및 활용패키지

직무명 : 자금

1. 직무 개요 · 23
   1) 직무 정의 · 23
   2) 능력단위 · 23
   3) 능력단위별 능력단위요소 · 24
2. 능력단위별 세부내용 · 25

3. 관련자격 개선의견 ·· 65
4. 활용패키지 ··· 67
  1) 평생경력개발 경로 ·· 68
    ① 평생경력개발경로 모형 ·· 69
    ② 직무기술서 ·· 72
    ③ 채용·배치·승진 체크리스트 ·· 87
    ④ 자가진단도구 ·· 103
  2) 훈련기준 ·· 112
  3) 출제기준 ·· 131

Ⅳ 부 록

1. 자금 분야 산업현장 검증……………………………………… 143
2. 자금 분야 표준 개발 참여 전문가 명단……………………… 146

CHAPTER I

국가직무능력표준 개요

1 국가직무능력표준 개념

○ 국가직무능력표준(NCS, national competency standards[1])은 산업현장에서 직무를 수행하기 위해 요구되는 지식·기술·소양 등의 내용을 국가가 산업부문별·수준별로 체계화한 것으로, 국가적 차원에서 표준화한 것을 의미

[그림1] 국가직무능력표준 개념도

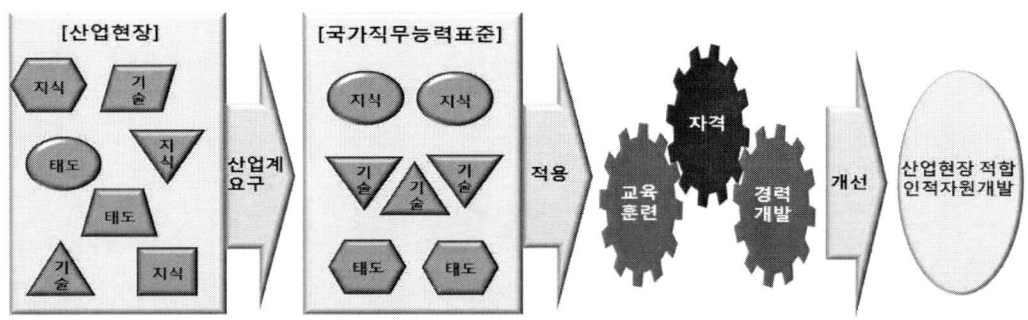

2 사업수행 법적근거

「자격기본법」규정

(제2조제2호) "국가직무능력표준"이란 산업현장에서 직무를 수행하기 위하여 요구되는 지식·기술·소양 등의 내용을 국가가 산업부문별·수준별로 체계화한 것을 말한다.

---

1) 표준국어대사전('12년, 국립국어원)
   ① 직무능력
   - 직무(職務) : 직책이나 직업상에서 책임을 지고 담당하여 맡은 사무. '맡은 일'로 순화.
   - 능력(能力) : 일을 감당해 낼 수 있는 힘.
   ② 표준
   - 표준(標準) : 사물의 정도나 성격 따위를 알기 위한 근거나 기준.

3 국가직무능력표준 구성

○ 직무는 국가직무능력표준 분류체계의 세분류를 의미하고, 원칙상 세분류 단위에서 표준이 개발
○ 능력단위는 국가직무능력표준 분류체계상 세분류의 하위단위로서 국가직무능력표준의 기본 구성요소에 해당

[그림2] 국가직무능력표준 구성

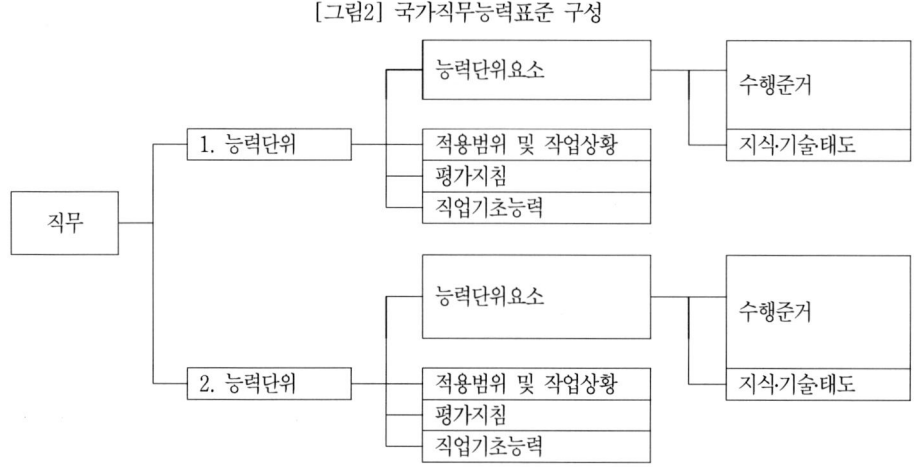

※ 능력단위는 능력단위분류번호, 능력단위정의, 능력단위요소(수행준거, 지식·기술·태도), 적용범위 및 작업상황, 평가지침, 직업기초능력으로 구성

구성항목	내용
① 능력단위분류번호 (competency unit code)	·능력단위를 구분하기 위하여 부여되는 일련번호로서 12자리로 표현
② 능력단위명칭 (competency unit title)	·능력단위의 명칭을 기입한 것
③ 능력단위정의 (competency unit description)	·능력단위의 목적, 업무수행 및 활용범위를 개략적으로 기술
④ 능력단위요소 (competency unit element)	·능력단위를 구성하는 중요한 핵심 하위능력을 기술
⑤ 수행준거 (performance criteria)	·능력단위요소별로 성취여부를 판단하기 위하여 개인이 도달해야 하는 수행의 기준을 제시
⑥ 지식·기술·태도(KSA)	·능력단위요소를 수행하는 데 필요한 지식·기술·태도
⑦ 적용범위 및 작업상황 (range of variable)	·능력단위를 수행하는데 있어 관련되는 범위와 물리적 혹은 환경적 조건 ·능력단위를 수행하는 데 있어 관련되는 자료, 서류, 장비, 도구, 재료
⑧ 평가지침 (guide of assessment)	·능력단위의 성취여부를 평가하는 방법과 평가시 고려되어야 할 사항
⑨ 직업기초능력 (key competency)	·능력단위별로 업무 수행을 위해 기본적으로 갖추어야할 직업능력

4. 국가직무능력표준 수준체계

수준	직무수준 정의
8수준	- 해당분야에 대한 최고도의 이론 및 지식을 활용하여 새로운 이론을 창조할 수 있고, 최고도의 숙련으로 광범위한 기술적 작업을 수행할 수 있으며 조직 및 업무 전반에 대한 권한과 책임이 부여된 수준 (지식기술) - 해당분야에 대한 최고도의 이론 및 지식을 활용하여 새로운 이론을 창조할 수 있는 수준 - 최고도의 숙련으로 광범위한 기술적 작업을 수행할 수 있는 수준 (역량) - 조직 및 업무 전반에 대한 권한과 책임이 부여된 수준 (경력) - 수준7에서 2-4년 정도의 계속 업무 후 도달 가능한 수준
7수준	- 해당분야의 전문화된 이론 및 지식을 활용하여, 고도의 숙련으로 광범위한 작업을 수행할 수 있으며 타인의 결과에 대하여 의무와 책임이 필요한 수준 (지식기술) - 해당분야의 전문화된 이론 및 지식을 활용할 수 있으며, 근접분야의 이론 및 지식을 사용할 수 있는 수준 - 고도의 숙련으로 광범위한 작업을 수행하는 수준 (역량) - 타인의 결과에 대하여 의무와 책임이 필요한 수준 (경력) - 수준6에서 2-4년 정도의 계속 업무 후 도달 가능한 수준
6수준	- 독립적인 권한 내에서 해당분야의 이론 및 지식을 자유롭게 활용하고, 일반적인 숙련으로 다양한 과업을 수행하고, 타인에게 해당분야의 지식 및 노하우를 전달할 수 있는 수준 (지식기술) - 해당분야의 이론 및 지식을 자유롭게 활용할 수 있는 수준 - 일반적인 숙련으로 다양한 과업을 수행할 수 있는 수준 (역량) - 타인에게 해당분야의 지식 및 노하우를 전달할 수 있는 수준 - 독립적인 권한 내에서 과업을 수행할 수 있는 수준 (경력) - 수준5에서 1-3년 정도의 계속 업무 후 도달 가능한 수준
5수준	- 포괄적인 권한 내에서 해당분야의 이론 및 지식을 사용하여 매우 복잡하고 비일상적인 과업을 수행하고, 타인에게 해당분야의 지식을 전달할 수 있는 수준 (지식기술) - 해당분야의 이론 및 지식을 사용할 수 있는 수준 - 매우 복잡하고 비일상적인 과업을 수행할 수 있는 수준 (역량) - 타인에게 해당분야의 지식을 전달할 수 있는 수준 - 포괄적인 권한 내에서 과업을 수행할 수 있는 수준 (경력) - 수준4에서 1-3년 정도의 계속 업무 후 도달 가능한 수준

수준	직무수준 정의
4수준	- 일반적인 권한 내에서 해당분야의 이론 및 지식을 제한적으로 사용하여 복잡하고 다양한 과업을 수행하는 수준 (지식기술) - 해당분야의 이론 및 지식을 제한적으로 사용할 수 있는 수준 - 복잡하고 다양한 과업을 수행할 수 있는 수준 (역량) - 일반적인 권한 내에서 과업을 수행할 수 있는 수준 (경력) - 수준3에서 1-4년 정도의 계속 업무 후 도달 가능한 수준
3수준	- 제한된 권한 내에서 해당분야의 기초이론 및 일반지식을 사용하여 다소 복잡한 과업을 수행하는 수준 (지식기술) - 해당분야의 기초이론 및 일반지식을 사용할 수 있는 수준 - 다소 복잡한 과업을 수행하는 수준 (역량) - 제한된 권한 내에서 과업을 수행하는 수준 (경력) - 수준2에서 1-3년 정도의 계속 업무 후 도달 가능한 수준
2수준	- 일반적인 지시 및 감독 하에 해당분야의 일반 지식을 사용하여 절차화되고 일상적인 과업을 수행하는 수준 (지식기술) - 해당분야의 일반 지식을 사용할 수 있는 수준 - 절차화되고 일상적인 과업을 수행하는 수준 (역량) - 일반적인 지시 및 감독 하에 과업을 수행하는 수준 (경력) - 수준1에서 6-12개월 정도의 계속 업무 후 도달 가능한 수준
1수준	- 구체적인 지시 및 철저한 감독 하에 문자이해, 계산능력 등 기초적인 일반지식을 사용하여 단순하고 반복적인 과업을 수행하는 수준 (지식기술) - 문자이해, 계산능력 등 기초적인 일반 지식을 사용할 수 있는 수준 - 단순하고 반복적인 과업을 수행하는 수준 (역량) - 구체적인 지시 및 철저한 감독 하에 과업을 수행하는 수준

5 국가직무능력표준 분류체계

대분류	중분류	소분류	세분류
02. 경영·회계·사무	3. 재무·회계	1. 재무	01. 예산
			02. 자금

CHAPTER II

환경분석

1 노동시장분석

1 산업현장 직무능력수준

직능수준 \ 세분류	예산	자금
Ⅵ(직무경험:16~19년)	부장	부장
Ⅴ(직무경험:12~15년)	차장	차장
Ⅳ(직무경험:8~11년)	과장	과장
Ⅲ(직무경험:5~7년)	대리	대리
Ⅱ(직무경험:3~4년)	주임	주임
Ⅰ(직무경험:1~2년)	사원	사원

※ NCS 산업개발진의 의견을 수렴하여 제시함

2 사업체 및 종사자 수

소분류	세분류	관련사업	사업체수	종사자수
재무	01. 예산	"기재 생략"	전 사업체	65,101명
	02. 자금			
합계				65,101명

※ 고용노동부 직종별사업체노동력조사(2013년)에 의하면 예산,자금 사무원이 규모에 무관(5인 이상) 전 사업체에 종사하고 있어 '전 사업체' 라 기재
※ 자료; 고용노동부 2013 한국직업전망을 근거로 함.

③ 인력배출 현황

중분류	소분류	학과	교육훈련기관	'11년(명) 입학	'11년(명) 졸업	'12년(명) 입학	'12년(명) 졸업	'13년(명) 입학	'13년(명) 졸업
3.재무·회계	1.재무	금융·회계·세무학	박사	114	80	149	63	139	65
			석사	756	616	690	594	747	564
			대학	3,595	4,186	4,047	4,584	4,025	4,288
			전문대학	5,649	4,554	5,396	4,589	5,613	4,682
		행정학	박사	545	271	546	306	522	316
			석사	3,149	2,316	3,042	2,450	2,735	2,175
			대학	10,889	8,918	11,292	9,038	11,052	8,603
			전문대학	9,621	7,025	9,217	7,204	9,279	6,935
		경영·경제	대학원	14,432	10,601	14,619	10,969	14,414	11,416
			대학	36,964	34,078	37,318	35,240	36,984	35,258
			전문대학	21,654	16,589	20,867	16,816	18,752	16,280
합 계				107,368	89,234	107,183	91,853	104,262	90,582

※ 상기 입학생과 졸업생 수는 교육통계서비스 웹사이트(http://std.kedi.re.kr)의 전국대학 계열별 학생수 현황 통계를 근거로 함.

④ 직업정보

세 분 류		01. 예산, 02. 자금	
직 업 명		경리 및 재무관리사무원	회계사무원
종 사 자 수		43,658	43,658
종사현황	연 령	20대: 48%, 30대: 38% 40대: 12% 50대: 2%	20대: 40% 30대: 46% 40대: 12% 50대: 1%
	임 금	평균 2,450만원	평균 3,000만원
	학 력	12년초과~14년이상	
	성 비	남성: 18% 여성: 82%	남성: 30% 여성: 62%
	근속년수		
관 련 자 격		전산회계운용사 1,2,3급	전산회계운용사 1,2,3급 전산세무 1급,2급 전산회계1급,2급

※ 워크넷(http://www.work.go.kr)의 직업정보를 근거로 함.
※ 2013년 고용노동부 직종별 사업체노동력 조사에 따르면, 경영,회계,사무관련직 종사자 수는 현원 87천명, 부족인원 35천명, 채용계획인원은 36천명으로 조사됨

2 교육훈련 현황 분석

1 교육훈련기관 현황

중분류	소분류	학과	교육훈련기관		
			구분	계	교육훈련기관
재무·회계	재무	금융·회계·세무학	4년제 대학	66개교	가천대학교, 가톨릭대학교, ,강남대학교, 강릉원주대학교, 강원대학교, 건양대학교, 경기대학교, 경남과학기술대학교, 경남대학교, 경북대학교, 경상대학교, 경성대학교, 경일대학교, 경주대학교, 경희대학교, 계명대학교, 광주대학교, 광주대학교, (산업대)군산대학교, 남서울대학교, 단국대학교, 단국대학교(분교), 대구가톨릭대학교, 대구대학교, 대구한의대학교, 대전대학교, 덕성여자대학교, 동국대학교, 동국대학교(분교), 동명대학교, 동서대학교, 동아대학교, 동의대학교, 목원대학교, 목포대학교, 부경대학교, 부산대학교, 부산외국어대학교, 상명대학교, 상명대학교(분교), 상지대학교, 서울시립대학교, 서원대학교, 선문대학교, 세명대학교, 세종대학교, 순천대학교, 순천향대학교, 숭실대학교, 신라대학교, 안동대학교, 우송대학교, 울산대학교, 인하대학교, 전북대학교, 전주대학교, 제주대학교, 창원대학교, 청주대학교, 충남대학교, 한남대학교, 한림대학교, 한밭대학교, 협성대학교, 호서대학교, 홍익대학교(분교)
			전문대학	53개	가톨릭상지대학교, 경복대학교, 경북전문대학교, 경인여자대학교, 계명문화대학교, 구미대학교, 국제대학교, 김포대학교, 대구미래대학교, 대구보건대학교, 대덕대학교, 대림대학교, 대전보건대학교, 동강대학교, 동남보건대학교, 동부산대학교, 동서울대학교, 동양미래대학교, 동원대학교, 명지전문대학, 부산경상대학교, 부천대학교, 서해대학, 선린대학교, 송원대학교, 수원과학대학교, 수원여자대학교, 신구대학교, 신성대학교, 신안산대학교, 신흥대학교, 안산대학교, 양산대학교, 여주대학교, 오산대학교, 용인송담대학교, 우송정보대학, 울산과학대학교, 웅지세무대학교, 원광보건대학교, 인덕대학교, 인천재능대학교, 장안대학교, 제주산업정보대학, 창신대학교, 창

중분류	소분류	학과	교육훈련기관		
			구분	계	교육훈련기관
		행정학			원문성대학, 청암대학교, 충북보건과학대학교, 충청대학교, 포항대학교, 한림성심대학교, 한양여자대학교, 혜천대학교
			4년제 대학	127개교	가야대학교, 가천대학교, 가톨릭대학교, 강남대학교, 강릉원주대학교, 강원대학교, 건국대학교, 국민대학교, 건양대학교, 경기대학교, 경남대학교, 경동대학교, 경북대학교, 경상대학교, 경성대학교, 경운대학교, 경일대학교, 경주대학교, 계명대학교, 고려대학교, 고려대학교, 공주대학교, 관동대학교, 광운대학교, 광주대학교, 광주여자대학교, 국민대학교, 군산대학교, 금강대학교, 나사렛대학교, 남부대학교, 남서울대학교, 단국대학교, 단국대학교(분교), 대구가톨릭대학교, 대구대학교, 대구예술대학교, 대구외국어대학교, 대구한의대학교, 대전대학교, 대진대학교, 동국대학교, 동서대학교, 동신대학교, 동아대학교, 동양대학교, 동의대학교, 명지대학교, 목원대학교, 목포대학교, 배재대학교, 부경대학교, 부산대학교, 부산외국어대학교, 상명대학교, 상지대학교, 서경대학교, 서남대학교, 서울과학기술대학교, 서울대학교, 서울시립대학교, 서울여자대학교, 선문대학교, 성결대학교, 성균관대학교, 세명대학교, 세종대학교, 세한대학교, 수원대학교, 숙명여자대학교, 순천대학교, 순천향대학교, 숭실대학교, 신경대학교, 신라대학교, 아주대학교, 안동대학교, 안양대학교, 연세대학교, 연세대학교, (분교)영남대학교, 영동대학교, 영산대학교, 영산대학교, (산업대)용인대학교, 우석대학교, 울산대학교, 원광대학교, 위덕대학교, 이화여자대학교, 인제대학교, 인천대학교, 인하대학교, 전남대학교, 전북대학교, 전주대학교, 제주국제대학교, 제주대학교, 조선대학교, 중부대학교, 중앙대학교, 중원대학교, 창원대학교, 청주대학교, 초당대학교, 충남대학교, 충북대학교, 평택대학교, 한경대학교, 한국교통대학교, 한국국제대학교, 한국외국어대학교, 한국해양대학교, 한남대학교, 한라대학교, 한려대학교, 한림대학교, 한서대학교, 한성대학교, 한세대학교, 한양대학교, 한중대학교, 협성대학교, 호남대학교, 호서대학교, 호원학교
			전문대학	90개교	가톨릭상지대학교, 강동대학교, 강원관광대학교, 강원도립대학, 경남도립거창대학, 경남정보대학교, 경민대학교, 경복대학교, 경북과학대학교, 경북도립대학교, 경북전문대학교, 계명문화대학교, 광양보건대학교, 광주보건대학교, 구미대학교, 국제대학교, 군장대학교, 김천대학, 김해대학교, 대경대학교, 대구과학대학교, 대구미래대학교, 대구보건대학교, 대덕대학교, 대림대학교, 대원대학교, 동강대학교, 동부산대학교, 동우대학, 동원대학교, 동의과학대학교, 동주대학교, 두원공과대학교, 마산대학교, 명지전문대학, 목포과학대학교, 문경대학교, 백석문화대학교, 벽성대학, 부산경상대학교, 부산과학기술대학교, 부산여자대학교, 부천대학교, 상지영서대학교, 서라벌대학교, 서영대학교, 서해대학, 선린대학교, 성덕대학교, 세경대학교, 송곡대학교, 송원대학교, 송호대학교, 수성대학교, 수원여자대학교, 순천제일대학교, 신성대학교, 신안산대학교, 신흥대학교, 안동과학대학교, 여주대학교, 연성대학교, 영남외국어대학, 영남이공대학교, 영진전문대학, 오산대학교, 우송정보대학, 웅지세무대학교, 원광보건대학교, 유한대학교, 전남과학대학교, 전남도립대학교, 전북과학대학교, 전주비전대학교, 제주산업정보대학, 제주한라대학교, 조선이공대학교, 진주보건대학교, 창신대학교, 청암

중분류	소분류	학과	교육훈련기관		
			구분	계	교육훈련기관
					대학교, 춘해보건대학교, 충남도립청양대학, 충북보건과학대학교, 충청대학교, 포항대학교, 한국영상대학교, 한림성심대학교, 한양여자대학교, 혜전대학교, 혜천대학교,
		경제·경영학	4년제대학 경제학	88개교	가천대학교, 가톨릭대학교, 강남대학교, 강릉원주대학교, 강원대학교, 건국대학교, 건국대학교 (분교), 경기대학교, 경남과학기술대학교, 경남대학교, 경북대학교, 경상대학교, 경성대학교, 경희대학교, 계명대학교, 고려대학교, 고려대학교(분교), 공주대학교, 관동대학교, 광주대학교, (산업대)국민대학교, 군산대학교, 단국대학교, 단국대학교(분교), 대구가톨릭대학교, 대구대학교, 대전대학교, 대진대학교, 동국대학교, 동국대학교(분교), 동덕여자대학교, 동아대학교, 동의대학교, 명지대학교, 목원대학교, 목포대학교, 부경대학교, 부산대학교, 부산외국어대학교, 상지대학교, 서강대학교, 서경대학교, 서울대학교, 서울시립대학교, 서울여자대학교, 서원대학교, 선문대학교, 성균관대학교, 성신여자대학교, 세종대학교, 수원대학교, 숙명여자대학교, 순천대학교, 순천향대학교, 숭실대학교, 신라대학교, 아주대학교, 안동대학교, 연세대학교, 연세대학교(분교), 영남대학교, 울산대학교, 원광대학교, 이화여자대학교, 인하대학교, 전남대학교, 전북대학교, 전주대학교, 제주대학교, 조선대학교, 중부대학교, 중앙대학교, 창원대학교, 청주대학교, 충남대학교, 충북대학교, 한국외국어대학교, 한국외국어대학교(분교), 한남대학교, 한림대학교, 한밭대학교, 한성대학교, 한신대학교, 한양대학교, 한양대학교(분교), 호남대학교, 호서대학교, 홍익대학교
			4년제대학 경영학	157개교	가천대학교, 가톨릭대학교, 강남대학교, 강릉원주대학교, 강원대학교, 건국대학교, 건국대학교(분교), 건양대학교, 경기대학교, 경남과학기술대학교, 경남대학교, 경동대학교, 경북대학교, 경북외국어대학교, 경상대학교, 경성대학교, 경운대학교, 경일대학교, 경주대학교, 경희대학교, 계명대학교, 고려대학교, 고려대학교(분교), 고신대학교, 공주대학교, 관동대학교, 광운대학교, 광주대학교, 광주대학교(산업대), 광주여자대학교, 국민대학교, 그리스도대학교, 극동대학교, 금오공과대학교, 나사렛대학교, 남서울대학교, 단국대학교, 단국대학교(분교), 대구가톨릭대학교, 대구대학교, 대구한의대학교, 대전대학교, 대진대학교, 덕성여자대학교, 동국대학교, 동국대학교(분교), 동덕여자대학교, 동명대학교, 동명정보대학교, 동서대학교, 동신대학교, 동아대학교, 동양대학교, 동의대학교, 명지대학교, 목원대학교, 목포대학교, 배재대학교, 부경대학교, 부산가톨릭대학교, 부산대학교, 부산외국어대학교, 삼육대학교, 상명대학교, 상명대학교(분교), 상지대학교, 서강대학교, 서경대학교, 서남대학교, 서울과학기술대학교, 서울기독대학교, 서울대학교, 서울시립대학교, 서울여자대학교, 서원대학교, 선문대학교, 성결대학교, 성공회대학교, 성균관대학교, 성신여자대학교, 세명대학교, 세종대학교, 세한대학교, 수원대학교, 숙명여자대학교, 순천대학교, 순천향대학교, 숭실대학교, 신경대학교, 신라대학교, 아주대학교, 안동대학교, 안양대학교, 연세대학교, 연세대학교(분교), 영남대학교, 영동대학교, 영산대학교, 영산대학교(산업대), 예원예술대학교, 용인대학교, 우석대학교, 우송대학교, 우송대학교, 울산과학기술대학교, 울산대학교, 원광대학교, 위덕대학교, 을지대학교, 이화여자대학교, 인제대학교, 인천대학교, 인하대학교, 전남대학교, 전북대학교, 전주대학교, 제주국제대학교, 제주대학교, 조선대학교,

중분류	소분류	학과	교육훈련기관		
			구분	계	교육훈련기관
					중부대학교, 중앙대학교, 창원대학교, 청운대학교, 청주대학교, 초당대학교, 추계예술대학교, 충남대학교, 충북대학교, 평택대학교, 한경대학교, 한국과학기술원한국교, 통대학교, 한국국제대학교, 한국기술교, 육대학교, 한국산업기술대학교, 한국외국어대학교, 한국외국어대학교(분교), 한국항공대학교, 한국해양대학교, 한남대학교, 한동대학교, 한라대학교, 한려대학교, 한림대학교, 한밭대학교, 한성대학교, 한세대학교, 한신대학교, 한양대학교, 한양대학교(분교), 한중대학교, 협성대학교, 호남대학교, 호서대학교, 호원대학교, 홍익대학교, 홍익대학교(분교)
			전문대학	114개교	가톨릭상지대학교, 강동대학교, 강릉영동대학교, 강원관광대학교, 강원도립대학, 거제대학교, 경기과학기술대학교, 경남도립거창대학, 경남도립남해대학, 경남정보대학교, 경민대학교, 경복대학교, 경북과학대학교, 경북전문대학교, 경산1대학교, 경인여자대학교, 계명문화대학교, 고구려대학교, 구미대학교, 국제대학교, 군장대학교, 김천과학대학교, 김천대학, 김포대학교, 대경대학교, 대구과학대학교, 대구미래대학교, 대구보건대학교, 대덕대학교, 대동내학교, 대림대학교, 대원대학교, 대전보건대학교, 동강대학교, 동남보건대학교, 동부산대학교, 동서울대학교, 동아방송예술대학교, 동아인재대학교, 동양미래대학교, 동우대학교, 동원대학교, 동의과학대학교, 두원공과대학교, 마산대학교, 명지전문대학, 목포과학대학교, 배화여자대학교, 백석문화대학교, 벽성대학, 부산경상대학교, 부산과학기술대학교, 부산여자대학교, 부천대학교, 상지영서대학교, 서라벌대학교, 서영대학교, 서울예술대학교, 서일대학교, 서정대학교, 서해대학, 선린대학교, 세경대학교, 송원대학교, 송호대학교, 수성대학교, 수원과학대학교, 수원여자대학교, 순천제일대학교, 숭의여자대학교, 신구대학교, 신안산대학교, 신흥대학교, 안동과학대학교, 안산대학교, 양산대학교, 여주대학교, 연성대학교, 영남외국어대학, 영남이공대학교, 영진전문대학, 오산대학교, 용인송담대학교, 우송정보대학, 울산과학대학교, 원광보건대학교, 유한대학교, 인덕대학교, 인천재능대학교, 인하공업전문대학, 장안대학교, 전북과학대학교, 전주비전대학교, 제주관광대학교, 제주산업정보대학, 제주한라대학교, 조선이공대학교, 창신대학교, 창원문성대학, 천안연암대학교, 청암대학교, 충남도립청양대학교, 충북도립대학교, 충북보건과학대학교, 충청대학교, 포항대학교, 한국관광대학교, 한국복지대학교, 한국영상대학교, 한국철도대학교, 한림성심대학교, 한양여자대학교, 혜전대학교, 혜천대학교

2 관련학과 교과과정

중분류	소분류	학과	교육훈련기관		
			구분	과목	내용
재무·회계	재무	회계학	대학	기초과목	경영학원론, 경제학원론, 경영통계, 회계원리
				심화과목	관리회계, 재무회계, 원가회계, 재무관리,

				회계정보시스템, 회계정보분석, 정부회계, 국제회계, 재무제표분석, 회계감사, 상법
	세무학	대학	기초과목	경영학원론, 경제학원론, 세무학개론, 회계원리, 조세행정론, 세무경영론
			심화과목	세무회계, 전산회계, 원가회계,관리회계 세무조사, 세무정책, 세무관리, 법인세회계, 소득세회계, 간접세회계, 국제세무회계, 관세법, 회사법, 부가가치세법, 소득세법, 법인세법, 어음수표법, 재정학
	행정학	대학	기초과목	행정학개론, 행정사, 행정철학, 조직론, 정책학, 행정조사방법론, 사회통계 등
			심화과목	국제행정, 노동행정, 도시행정, 보건행정, 복지행정, 비교발전행정, 인사행정, 재무행정, 지방행정, 시민참여론, 한국행정사, 정부규제론, 정책과정론, 공기업론, 공공관계론, 정책론, 행정사례분석, 정책사례분석, 전자정부론, 행정법 등
	경영	대학	기초과목	경영학원론, 경제학원론, 경영통계, 마케팅, 조직행동 등
			심화과목	재무관리, 생산관리, 인적자원관리, 경영전략, 조직변화 등
		전문대학	기초과목	경영학원론, 경제학원론, 회계원리, 조직행동 등
			심화과목	국제경영전략, 마케팅전략, 시스템분석 및 설계, 정보통신경영 등
	경제	대학	기초과목	경제학원론, 경제수학, 미시경제, 거시경제, 계량경제,경제사
			심화과목	조세론, 재정학, 후생경제, 금융경제, 노동경제, 경제성장론, 도시 및 지역경제, 산업조직론, 국제무역, 에너지경제, 환경경제, 산업경제, 농업경제, 법경제, 디지털경제, 정보경제, 응용계량경제, 정치경제

※ 워크넷(http://www.work.go.kr) 학과정보검색

3 자격 현황 분석

1 국가자격 현황

중분류	소분류	종목	등급	취득자 수(명)				
				누계	'11년	'12년	'13년	'14년
재무·회계	재무	전산회계운용사	1급	43	1	6	4	
			2급	15,906	228	348	710	
		경영지도사	3급	129,303	4968	5962	4968	
			재무관리	33	-	-	-	33

※ 전산회계운용사 합격자 수 : 대한상공회의소 자료
※ 경영지도사(재무관리)는 홈페이지내 자격시행현황이 14년만 게재되어 14년도만 제시함

2 국가공인자격 현황

중분류	소분류	종목	등급	합격률		
				'11년	'12년	'13년
재무·회계	재무	ERP회계정보관리사	-	-	-	-
		원가관리사	-	90.2%	51.3%	54.5%

※ 민간자격정보서비스(www.pqi.or.kr)

3 공인민간자격 현황

중분류	소분류	종목(등급)	소관부처	취득자 수(명)			
				누계	'11년	'12년	'13년
재무·회계	재무	ERP회계정보관리사		-	-	-	-
		원가관리사	미래창조과학부	212	74	77	61

4 해외사례 분석

① 직무능력 구성

중분류	소분류	세분류(직무)	능력단위		능력단위요소
			URN	NOS Title	수행준거
재무·회계	재무	01. 예산 02. 자금	A1	Implement external audit procedures (외부감사절차 구현)	17개
			FA1	Process income (수입 처리)	16개
			FA2	Process expenditure (비용 처리)	16개
			FA3	Account for income and expenditure (수입과 비용 계정)	12개
			FA4	Prepare accounts (계정 준비)	10개
			FA5	Draft financial statements (재무제표 초안)	12개
			FS1	Review accounting systems (회계 시스템 검토)	11개
			MA1	Provide cost and revenue information (비용과 수익 정보 제공)	10개
			MA2	Provide management information (경영정보 제공)	12개
			MA3	Draft budgets (예산 초안)	18개
			MA4	Monitor financial performance (재무성과 모니터링)	20개
			P1	Create and maintain employee records (직원 기록 생성과 유지)	14개
			P2	Calculate pay (급여 정산)	14개
			P3	Determine entitlements and deductions (지원 혜택과 공제 결정)	15개
			P4	Control payroll (급여대장 관리)	17개
			P5	Complete end of period procedures (기간말 절차 완료)	7개
			P6	Process expenses and benefits in kind (비용과 현물급부 처리)	8개
			PS1	Work effectively in accountancy and finance (회계와 재무에 효과적으로 작용)	20개
			PS2	Professional ethics in accountancy and finance (회계와 재무 직업윤리)	17개
			T1	Calculate personal tax (개인세 계산)	19개
			T2	Calculate business tax (법인세 계산)	20개
			T3	Report VAT (부가가치세 신고)	11개
			TM1	Administer cash balances (현금잔고 관리)	11개
			TM2	Grant and control credit (신용 인정과 관리)	11개

CHAPTER III

표준 및 활용패키지

직무명 |자금|

1. 직무 개요 ··· 23
   1) 직무 정의 ··· 23
   2) 능력단위 ·· 23
   3) 능력단위별 능력단위요소 ·· 24

2. 능력단위별 세부내용 ·· 25

3. 관련자격 개선의견 ··· 65

4. 활용패키지 ·· 67

직무명 : 자 금

1. 직무 개요

1) 직무 정의

자금은 예산계획에 따라 기업의 영업, 투자, 재무 활동을 수행할 수 있도록 필요 자금의 계획 수립, 조달, 운용을 하고 발생 가능한 위험 관리 및 성과를 평가하는 일이다.

2) 능력단위

순 번	능 력 단 위	페 이 지
1	자금계획 수립	25
2	자금조달 준비	31
3	자금조달	36
4	자금운용	42
5	자금정보제공	48
6	재무위험관리	54
7	성과 분석	60

3) 능력단위별 능력단위요소

분류번호	능력단위(수준)	능력단위요소	수준
0203010201_14v2	자금계획수립(6)	영업활동 자금계획하기	6
		투자활동 자금계획하기	6
		재무활동 자금계획하기	6
0203010202_14v2	자금조달준비(5)	자금조달방안 수립하기	4
		자금조달비용 산정하기	5
		자금조달방법 결정하기	5
0203010203_14v2	자금조달 (5)	내부자금 조달하기	5
		외부자금 조달하기	5
		조달자금 관리하기	4
0203010204_14v2	자금운용 (4)	가용자금 파악하기	4
		자금운용방안 수립하기	4
		자금집행하기	3
0203010205_14v2	자금정보제공 (3)	공시하기	3
		재무정보 산출하기	3
		투자정보 지원하기	3
0203010206_14v2	재무위험관리 (5)	위험대상 식별하기	5
		위험대상 대응하기	4
		결과 검토하기	5
0203010207_14v2	성과 분석 (6)	실적분석하기	5
		평가보고하기	6
		차기계획 반영하기	6

2. 능력단위별 세부내용

분류번호 : 0203010201_14v2

능력단위 명칭 : 자금계획수립

능력단위 정의 : 자금계획수립이란 기업 경영에 필요한 영업, 투자, 재무활동을 수행하기 위하여 자금의 조달과 운용 계획을 수립하는 능력이다.

능력단위요소	수 행 준 거
0203010201_14v2.1 영업활동 자금계획 하기	1.1 사업계획에 따라 판매, 생산, 구매 등 영업활동과 관련된 항목을 분류할 수 있다. 1.2 분류한 항목에 따라 영업활동과 관련된 현금흐름을 도출할 수 있다. 1.3 도출된 현금흐름에 대하여 적정성을 평가할 수 있다. 1.4 평가결과에 따라 자금의 현금흐름을 조정하여 영업활동 자금계획을 수립할 수 있다. 【지 식】 ○ 영업활동 필요자금에 대한 회계적 지식 ○ 영업활동과 관련된 재무제표 지식 ○ 현금흐름 적정성 평가 ○ 재무 분석 【기 술】 ○ 현금흐름 적정성 분석 능력 ○ 스프레드시트 함수 활용기술 【태 도】 ○ 타부서와 협력적 태도 ○ 영업활동 관련 재무적 결과를 정확하게 도출하기 위한 수리적 사고
0203010201_14v2.2 투자활동 자금계획하기	2.1 사업계획에 따라 투자 목적의 자산 취득과 평가·처분 등과 관련된 항목을 분류할 수 있다. 2.2 영업활동 자금계획에 따라 투자자산의 매매 여부를 결정할 수 있다. 2.3 결정된 투자자산의 매매 여부에 대하여 적정성을 평가할 수 있다. 2.4 평가결과에 따라 자금의 현금흐름을 조정하여 투자활동 자금계획을 수립할 수 있다. 【지 식】 ○ 투자활동의 개념

능력단위요소	수 행 준 거
	○ 특별부가세 ○ 화폐의 시간가치의 개념 ○ 투자활동 필요자금에 대한 회계적 지식 ○ 투자활동과 관련된 재무제표 이해 ○ 현금흐름 적정성 평가 ○ 투자대상 경제성 분석 ○ 재무 분석 【기 술】 ○ 현금흐름 적정성 분석 기술 ○ 투자대상의 가치평가 기술 ○ 기초 함수를 포함한 스프레드시트 활용 기술 【태 도】 ○ 타부서와 협력적 태도 ○ 투자활동 관련 재무적 결과를 정확하게 도출하기 위한 수리적 사고 ○ 투자대상의 취득 및 처분업무에 대한 경영자 마인드
0203010201_14v2.3 재무활동 자금계획하기	3.1 영업 및 투자활동 자금계획에 따라 적정 자금 규모를 산출할 수 있다. 3.2 적정 자금에 따라 재무활동 자금계획을 수립할 수 있다. 3.3 수립된 재무활동 자금계획을 기준으로 사업계획의 변경 여부를 담당부서와 협의할 수 있다. 3.4 도출된 영업, 투자, 재무 활동 자금계획을 통합하여 자금계획서를 작성할 수 있다.
	【지 식】 ○ 재무활동의 개념 ○ 법인세법 ○ 특별부가법 ○ 유가증권 상장 규정 관련 법규 【기 술】 ○ 자금계획서 작성 기술 ○ 기초 함수를 포함한 스프레드시트 활용 기술 【태 도】 ○ 타부서와 협력적 태도 ○ 자금계획 수립을 위한 관련 정보의 적극적 수집 의지

◉ 적용범위 및 작업상황

고려사항

- 능력단위 '자금계획수립'은 영업, 투자, 재무 활동에 필요한 계획을 수립하는 것으로 사업계획서와 재무제표상의 재무상태표(대차대조표), 손익계산서, 현금흐름표 등의 이해를 포함한다.
- 능력단위요소 '영업활동 자금계획하기'에서 현금흐름에 관한 항목은 영업으로부터 창출된 현금흐름, 영업으로부터의 이자의 수취 및 지급, 배당금의 수취, 법인세의 지급 등을 포함한다.
- 능력단위요소 '영업활동 자금계획하기'에서 현금흐름이란 영업활동 순환 주기(월, 분기, 반기, 년)에 따라 발생하는 것을 포함한다.
- 능력단위요소 '영업활동 자금계획하기'에서 적정성 평가는 전년도 예산 대비 실적 비교·분석, 목표 대비 실적 비교, 동종 업계 영업 이익률, 매출 총이익, 영업이익 비교 등을 포함한다.
- 능력단위요소 '투자활동 자금계획하기'에서는 투자활동 현금흐름의 항목은 단기금융상품의 순증감, 기타 금융자산의 순증감, 유·무형자산의 취득처분 등을 포함한다.
- 능력단위요소 '투자활동 자금계획하기'에서 화폐의 시간가치에 관한 지식은 화폐의 현재가치, 미래가치에 대해 이해하고 계산할 수 있는 능력을 포함한다.
- 능력단위요소 '재무활동 자금계획하기'에서 재무활동의 항목은 장단기 차입의 순 증감, 유·무상증자, 사채의 상환, 배당금의 지급 등을 포함한다.
- 능력단위요소 '재무활동 자금계획하기'에서 적정 자금규모 산출방법으로 주로 활용되는 방법은 과거 자료를 활용하여 사업계획서의 수지균형을 맞추는 방법으로 진행된다.
- 능력단위 '자금수립계획'에서 필요한 지식은 다음과 같다
  - 영업활동 필요자금에 대한 회계적 지식에는 영업으로부터 창출된 현금흐름, 영업으로 인한 이자의 수취 및 지급, 배당금의 수취, 법인세의 지급 등의 회계적 지식을 포함한다.
  - 영업활동과 관련된 재무제표에 대한 지식에는 유동자산, 유동부채 계정에 대한 이해가 필요하다.
  - 재무 분석에는 재무상태표, 손익계산서, 자본변동표, 현금흐름표, 매출채권분석, 매입채무 등의 현황 조사 및 분석을 하고 민감도 분석을 포함하나 영업활동 자금계획수립하기에서 재무 분석은 재무상태표, 손익계산서, 현금흐름표, 매출채권분석, 재고재산 분석에 대한 지식이 필요하다.
  - 투자대상 경제성 분석에 대한 이해는 순현재가치법(NPV), 내부수익률법(IRR), 회수기간법(PP), 회계적이익률법(ROA) 등을 활용하여 분석한다.

자료 및 관련 서류

- 관련 법령집
- 관련기관 경영 및 기업분석 자료
- 중장기 사업계획서

- 당해연도 사업계획서
- 전년도 사업계획서
- 실적 보고서
- 결산 보고서

장비 및 도구

- 컴퓨터
- 복사기
- 프린터
- 문서작성 소프트웨어
- 빔 프로젝터

재료

- 없음

◉ 평가지침

평가방법

- 평가자는 능력단위 자금계획 수립의 수행준거에 제시되어 있는 내용을 평가하기 위해 이론과 실기를 나누어 평가하거나 종합적인 결과물의 평가 등 다양한 평가 방법을 사용할 수 있다.
- 피 평가자의 과정평가 및 결과평가 방법

평가 방법	평가유형	
	과정평가	결과평가
A. 포트폴리오		
B. 문제해결 시나리오		
C. 서술형시험	√	√
D. 논술형시험		√
E. 사례연구	√	
F. 평가자 질문		
G. 평가자 체크리스트	√	√
H. 피평가자 체크리스트		
I. 일지/저널		
J. 역할연기		
K. 구두발표	√	
L. 작업장평가		
M. 기타		

평가시 고려사항

- 수행준거에 제시되어 있는 내용을 성공적으로 수행할 수 있는지를 평가해야 한다.
- 평가자는 다음 사항을 평가해야 한다.
  - 판매, 생산, 구매 등 영업활동과 관련된 항목을 분류하여 영업활동과 관련된 현금흐름을 도출할 수 있는 역량 보유 여부
  - 현금흐름에 대한 적정성을 평가하여 적정하게 조정된 영업활동 자금계획을 수립할 수 있는 역량 보유 여부
  - 투자 목적의 자산 취득과 평가·처분 등과 관련된 항목을 이해하고 영업활동 자금계획에 따라 투자자산의 매매 여부를 결할 수 있는 역량 보유 여부
  - 투자자산의 매매 여부의 적정성을 평가하여 적정하게 조정된 투자활동 자금계획을 수립할 수 있는 역량 보유 여부

- 영업, 투자, 재무 활동 자금계획을 통합한 자금계획서를 작성할 수 있는 역량 보유 여부

◉ 직업기초능력

순번	직업기초능력	
	주요영역	하위영역
1	의사소통능력	문서이해 능력, 문서작성 능력, 경청능력, 의사표현 능력, 기초외국어능력
2	수리능력	기초연산 능력, 기초통계 능력, 도표분석 능력, 도표작성 능력
3	자원관리능력	시간자원관리 능력, 예산자원관리 능력, 물적자원관리 능력, 인적자원관리 능력
4	대인관계능력	팀웍능력, 리더십능력, 갈등관리 능력, 협상능력, 고객서비스능력
5	정보능력	컴퓨터활용능력, 정보처리 능력
6	기술능력	기술이해능력, 기술선택능력, 기술적용능력
7	조직이해능력	국제감각, 조직체제 이해 능력, 경영이해 능력, 업무이해능력

◉ 개발 이력

구 분		내 용
직무명칭		자금계획수립
분류번호		0203010201_14v2
개발연도	현재	2014
	최초(1차)	2008
버전번호		v2
개 발 자	현재	한국HRM협회
	최초(1차)	
향후 보완 연도(예정)		2019

분류번호 : 0203010202_14v2

능력단위 명칭 : 자금조달준비

능력단위 정의 : 자금조달준비란 자금계획에 따라 자금의 조달방안을 수립하여 조달비용을 최소화 할 수 있는 조달방법을 결정하는 능력이다.

능력단위요소	수 행 준 거
0203010202_14v2.1 자금조달방안 수립하기	1.1 자금계획에 따라 자금 시장 환경을 분석할 수 있다. 1.2 시장 환경 분석 결과에 따라 조달조건에 대한 타당성을 분석할 수 있다. 1.3 타당성 분석 결과에 따라 사업계획서에 부합된 조달방안을 수립할 수 있다.
	【지 식】 ○ 자금 조달과 관련된 금융상품의 이해 ○ 자금조달의 종류와 절차 ○ 자금 조달조건에 대한 타당성 분석 ○ 자금조달 관련 법규 및 세제 【기 술】 ○ 기초 함수를 포함한 스프레드시트 활용 기술 ○ 자금조달 방안별 타당성 분석기술 【태 도】 ○ 자금시장에 대한 다양하고 폭넓은 정보 수집 자세 ○ 조달조건의 타당성을 객관적으로 판단하려는 자세
0203010202_14v2.2 자금조달비용 산정하기	2.1 수립된 조달방안에 따라 자금의 원천별 조달비용을 산출할 수 있다. 2.2 원천별 조달비용과 기업의 허용기준을 비교하여 조달비용의 적정성을 평가할 수 있다. 2.3 평가 결과에 따라 조달비용이 최소화 될 수 있는 원천별 자금조달방법을 도출할 수 있다.
	【지 식】 ○ 자금 조달과 관련된 금융상품의 이해 ○ 자금조달의 종류와 절차 ○ 자본조달 비용 계산과 적정성 평가 【기 술】

능력단위요소	수행준거
	○ 기초 함수를 포함한 스프레드시트 활용 기술 ○ 자금조달 비용 산출 기술 【태 도】 ○ 자금시장에 대한 다양하고 폭넓은 정보 수집 자세 ○ 조달방법을 경영성과와 연계하여 평가하려는 객관성 유지 노력
0203010202_14v2.3 자금조달방법 결정하기	3.1 도출된 원천별 자금조달방법에 대하여 자금의 유형별 자금조달방법을 분류할 수 있다. 3.2 분류된 자금조달 방법을 기준으로 용도에 맞게 자금조달방법의 우선순위를 설정할 수 있다. 3.3 우선순위에 따라 최적의 조달방법을 결정할 수 있다. 【지 식】 ○ 자금 조달과 관련된 금융상품의 이해 ○ 자금조달의 종류와 절차 ○ 자본조달 비용 산출 방법 【기 술】 ○ 기초 함수를 포함한 스프레드시트 활용 기술 ○ 자금조달 비용 산출 기술 【태 도】 ○ 자금시장에 대한 다양하고 폭넓은 정보 수집 자세 ○ 조달방법을 경영성과와 연계하여 평가하려는 객관적인 자세

● 적용범위 및 작업상황

고려사항

- 능력단위 '자금조달준비'는 자금의 차입, 자산의 처분, 증자, 사채의 발행 등의 업무를 모두 포함한다.
- 능력단위 '자금조달준비'에서 조달방안이란 사전에 기업의 신용등급, 금융기관과의 관계 등을 고려하여 조달이 가능한 방법을 도출한 것을 말한다.
- 능력단위 '자금조달준비'자금조달과 관련된 법규 및 세제는 업종 및 규모에 따라 적용되는 사항이 상이하므로 적용 시 관련 법규 및 세제 확인이 각각 필요하다.

- 능력단위 '자금조달준비'에서 쓰인 조달비용이란 시간, 위험요소, 금전적 비용, 인력 등을 모두 포함하는 비용을 말한다.
- 능력단위요소 '자금조달방안 수립하기'에서 자금시장 환경은 관계 법령 및 관련 세제, 유사상품, 자금의 수요와 공급, 자금조달조건(금리, 환율 등) 등을 포함한다.
- 능력단위요소 '자금조달방안 수립하기'에서 조달조건은 조달기간, 조달비용, 조달금액 등을 포함한다.
- 능력단위요소 '자금조달비용 산정하기'에서 자금의 원천별 조달비용은 직접금융, 간접금융, 해외금융에서 발생하는 제비용을 의미한다.
- 능력단위요소 '자금조달비용 산정하기'에서 기업의 허용기준을 비교하여 조달비용의 적정성을 평가하는 방법은 Hurdle Rate(기업 내부의 허용기준으로 해석함)와 기간, 수익률 등과 산출된 자금조달비용을 비교하는 것을 말한다.
- 능력단위요소 '자금조달방법 결정하기'에서 자금의 특성이란 이자율, 기간(장·단기), 자금 규모, 자금의 용도, 유상증자 비용, 조달 가능시기 등을 포함한다.
- 능력단위요소 '자금조달방법 결정하기' 자금조달 방법의 우선순위 결정 방법은 기업의 허용기준을 통해 조달 비용, 조달 소요 시간, 필요자금의 규모 등을 고려하여 결정하는 것을 포함한다.

자료 및 관련 서류

- 자금수지계획
- 금융시장 동향 보고서
- 자금시장 관계법령
- 금융상품

장비 및 도구

- 컴퓨터
- 프린터
- 복사기
- 워드프로세서

재료

- 없음

◉ 평가지침

평가방법

- 평가자는 능력단위 자금조달준비의 수행준거에 제시되어 있는 내용을 평가하기 위해 이론과 실기를 나누어 평가하거나 종합적인 결과물의 평가 등 다양한 평가 방법을 사용할 수 있다.
- 피 평가자의 과정평가 및 결과평가 방법

평가방법	평가유형	
	과정평가	결과평가
A. 포트폴리오		
B. 문제해결 시나리오		
C. 서술형시험	√	√
D. 논술형시험		
E. 사례연구	√	√
F. 평가자 질문	√	
G. 평가자 체크리스트	√	√
H. 피평가자 체크리스트		
I. 일지/저널		
J. 역할연기		
K. 구두발표	√	
L. 작업장평가		
M. 기타		

평가시 고려사항

- 수행준거에 제시되어 있는 내용을 성공적으로 수행할 수 있는지를 평가해야 한다.
- 평가자는 다음 사항을 평가해야 한다.
  - 자금 시장 환경을 분석과 조달조건의 타당성 분석을 수행하여 사업계획서에 부합된 조달방안을 수립할 수 있는 역량 보유 여부
  - 자금의 원천별 조달비용과 기업의 허용기준을 비교하여 조달비용이 최소가 될 수 있는 조달방법을 도출할 수 있는 역량 보유 여부
  - 자금조달방법의 우선순위를 설정하여 최적의 조달방법을 결정할 수 있는 역량 보유 여부

◉ 직업기초능력

순 번	직 업 기 초 능 력	
	주요영역	하위영역
1	의사소통능력	문서이해 능력, 문서작성 능력, 경청능력, 의사표현 능력, 기초외국어능력
2	수리능력	기초연산 능력, 기초통계 능력, 도표분석 능력, 도표작성 능력
3	자원관리능력	시간자원관리 능력, 예산자원관리 능력, 물적자원관리 능력, 인적자원관리 능력
4	대인관계능력	팀웍능력, 리더십능력, 갈등관리 능력, 협상능력, 고객서비스능력
5	정보능력	컴퓨터활용능력, 정보처리 능력
6	기술능력	기술이해능력, 기술선택능력, 기술적용능력
7	조직이해능력	국제감각, 조직체제 이해 능력, 경영이해 능력, 업무이해능력

◉ 개발 이력

구 분		내 용
직무명칭		자금조달준비
분류번호		0203010202_14v2
개발연도	현재	2014
	최초(1차)	2008
버전번호		v2
개 발 자	현재	한국HRM협회
	최초(1차)	
향후 보완 연도(예정)		2019

분류번호 : 0203010203_14v2

능력단위 명칭 : 자금조달

능력단위 정의 : 자금조달이란 수립된 자금조달 계획에 따라 기업 내·외부의 자금을 조달하고 관리할 수 있는 능력이다.

능력단위요소	수 행 준 거
0203010203_14v2.1 내부자금 조달하기	1.1 현금흐름을 고려하여 이익잉여금을 통해 소요 자금을 조달할 수 있다. 1.2 자산 수익률을 고려하여 자산 매각 등을 통하여 소요 자금을 조달할 수 있다. 1.3 대주주 등으로 부터 소요 자금을 조달할 수 있다. 【지 식】 ○ 내부자금 조달과 관련된 세법 ○ 상법 중 회사법 ○ 기업 회계기준 이해 ○ 자산별 매각시장에 대한 이해 【기 술】 ○ 회계처리 능력 ○ 내부 자금의 현금흐름 분석 능력 ○ 자산 수익률 비교 분석 능력 【태 도】 ○ 기업회계기준을 준수하려는 자세 ○ 인적 네트워크를 활용하는 태도
0203010203_14v2.2 외부자금 조달하기	2.1 국·내외 금융시장을 통해서 소요자금을 조달할 수 있다. 2.2 정부정책자금제도를 통해서 소요자금을 조달할 수 있다. 2.3 지방자치단체의 자금지원제도를 통해서 소요자금을 조달할 수 있다. 2.4 매출채권 등에 대한 위험을 고려하여 선수금 규모를 결정 후 소요자금을 조달할 수 있다. 2.5 기업의 대내외 환경을 고려하여 국·내외 유가증권시장을 통해 소요자금을 조달할 수 있다.

능력단위요소	수행준거
	【지 식】 ○ 외환관리 이해 ○ 국·내외 유가증권시장의 이해 ○ 금융상품 종류와 특성 ○ 외국환 거래법 ○ 상법 중 회사법 ○ 외부자금 조달을 위한 세법 ○ 금융감독원 업무 ○ 정부정책자금제도 활용 절차 및 방법 【기 술】 ○ 자금조달을 위한 사업계획서 작성 능력 ○ 신용평가 조사서 작성 능력 ○ 매출채권 위험 예측 능력 【태 도】 ○ 조달방법을 경영성과와 연계한 경영자적 자세 ○ 금융시장 담당자와 적극적인 관계유지 자세
0203010203_14v2.3 조달자금 관리하기	3.1 조달된 자금을 자금조달계획과 비교하여 소요자금의 과부족 규모를 산정할 수 있다. 3.2 소요자금이 부족 시 추가적인 자금조달을 할 수 있다. 3.3 계획대비 조달자금이 초과된 경우 초과된 자금을 가용자금으로 운용할 수 있다. 【지 식】 ○ 자금 조달과 관련된 금융상품의 이해 ○ 자금조달의 종류와 절차 ○ 자본조달 비용 산출 방법 【기 술】 ○ 소요자금에 대한 과부족 산정기술 ○ 자금조달비용 비교분석기술 ○ 스프레드시트 활용기술 【태 도】 ○ 자금조달계획의 이행의지 ○ 자금조달을 위한 적극적인 방안 도출 의지

◉ 적용범위 및 작업상황

> 고려사항

- 능력단위 '자금조달'은 내부잉여자금(이익 잉여금, 자산 매각대금 등)을 통한 기업내 자금 조달과 채권시장, 주식시장, 외부 차입(금융기관, 기업 이해 관계자 등), 정부정책자금 등을 통한 외부 시장 조달 방법과 해외 조달 시장(국내 외부 시장 조달 방법과 동일)을 통해 자금을 조달하는 것을 포함한다.
- 능력단위요소 '내부자금 조달하기'에서 이익잉여금을 활용할 경우 금융상품의 만기 등의 현금흐름을 고려하여 조달하는 것을 포함한다.
- 능력단위요소 '내부자금 조달하기'에서 자산 매각을 활용할 경우 자금 규모, 환가성, 자산의 수익률 등을 고려하여 조달하는 것을 포함한다.
- 능력단위요소 '내부자금 조달하기'에서 대주주 등으로부터의 자금조달이란 대주주와 대표이사 등의 여유자금을 말하며 회계상에서 가수금으로 계정처리 할 경우 내부거래로 인정되는 경우만 포함이 되며 차입금으로 계정처리 되는 것은 제외한다.
- 능력단위요소 '외부자금 조달하기'에서 조달방법은 유상증자, 채권발행, 기업어음, 매출채권 유동화, 자산 유동화 등을 포함하는 직접금융과 은행 차입, 비 금융기관 차입 등을 포함하는 간접금융 및 정부정책자금제도 등으로 구분할 수 있다.
- 능력단위요소 '외부자금 조달하기'에서 국·내외 금융시장을 통해 소요자금을 조달하는 것은 기존의 금융상품을 활용한 자금조달과 신규 상품을 활용하는 것과 펀드사의 투자 등을 포함한다.
- 능력단위요소 '외부자금 조달하기'에서 매출채권 등에 대한 위험을 고려하여 선수금 규모를 결정한다는 것에서 매출채권 등이란, 영업활동으로 발생하는 매출채권, 영업외 활동으로 발생하는 채권을 포함한다.
- 능력단위요소 '외부자금 조달하기'에서 기업의 대내외 환경이란 기업의 사업 환경, 시장 환경, 투자 환경 등을 포함한다.
- 능력단위요소 '외부자금 조달하기'에서 유가증권시장이란 채권시장, 주식시장 등을 포함한다.
- 능력단위요소 '외부자금 조달하기'에서 지식은 다음의 내용을 포함한다.
  - 내부자금조달을 위한 세법에 대한 이해가 필요한 법규는 법인세법, 부가가치세법, 토지 등 양도 소득에 대한 법인세, 소득세법 등을 포함하다.
  - 기업회계기준이란 K-IFRS, 일반회계기준, 중소기업회계기준 등을 말하며 적용할 기준에 따라 학습을 달리해야 한다.
  - 채권발생에 관한 지식은 채권의 정의, 종류, 발행요건, 발행 절차 등을 포함한다.
  - 유상증자에 관한 지식은 주식의 종류(우선주, 보통주), 유상증자 요건, 유상증자 절차 등을 포함한다.
  - 조달비용의 세부내용에 대한 이해는 기준금리, 신용위험원가, 예금보험료, 지준비용률, 업무원가, 신

보출연료율, 교육세율, 자본비용, 상품이익률 등을 포함한다.
- 금융시장에 대한 정보 분석력은 금융기관이 보유하고 있는 자금의 성격 등을 포함한다.

자료 및 관련 서류

- 과거년도 재무재표
- 중·장기 사업계획서
- 자금수지계획
- 금융시장 동향 보고서
- 자금시장 관계법령
- 금융상품

장비 및 도구

- 컴퓨터
- 프린터
- 복사기

재료

- 없음

◉ 평가지침

평가방법

- 평가자는 능력단위 자금조달의 수행준거에 제시되어 있는 내용을 평가하기 위해 이론과 실기를 나누어 평가하거나 종합적인 결과물의 평가 등 다양한 평가 방법을 사용할 수 있다.

- 피 평가자의 과정평가 및 결과평가 방법

평가 방법	평가유형	
	과정평가	결과평가
A. 포트폴리오		
B. 문제해결 시나리오		
C. 서술형시험	√	√
D. 논술형시험		
E. 사례연구	√	√
F. 평가자 질문	√	√
G. 평가자 체크리스트	√	√
H. 피평가자 체크리스트		
I. 일지/저널		
J. 역할연기		
K. 구두발표		√
L. 작업장평가		
M. 기타		

평가시 고려사항

- 수행준거에 제시되어 있는 내용을 성공적으로 수행할 수 있는지를 평가해야 한다.
- 평가자는 다음 사항을 평가해야 한다.
  - 현금흐름을 고려하여 이익잉여금을 통해 소요 자금을 조달할 수 있는 역량 보유 여부
  - 자산 수익률을 고려하여 자산 매각 등을 통하여 소요 자금을 조달할 수 있는 역량 보유여부
  - 대주주 등으로 부터 소요 자금을 조달할 수 있는 역량 보유 여부
  - 국·내외 금융시장을 통해서 소요자금을 조달할 수 있는 역량 보유 여부
  - 정부정책자금제도를 통해서 소요자금을 조달할 수 있는 역량 보유 여부
  - 지방자치단체의 자금지원제도를 통해서 소요자금을 조달할 수 있는 역량 보유 여부
  - 매출채권 등에 대한 위험을 고려하여 선수금 규모를 결정 후 소요자금을 조달할 수 있는 역량 보유 여부
  - 기업의 대내외 환경을 고려하여 국·내외 유가증권시장을 통해 소요자금을 조달할 수 있는 역량 보유 여부
  - 조달된 자금을 자금조달계획과 비교하여 소요자금의 과부족 규모를 산정할 추가적인 자금조달과 초과된 자금을 가용자금으로 운용할 수 있는 역량 보유 여부

● 직업기초능력

순번	직업기초능력	
	주요영역	하위영역
1	의사소통능력	문서이해 능력, 문서작성 능력, 경청능력, 의사표현 능력, 기초외국어능력
2	수리능력	기초연산 능력, 기초통계 능력, 도표분석 능력, 도표작성 능력
3	자원관리능력	시간자원관리 능력, 예산자원관리 능력, 물적자원관리 능력, 인적자원관리 능력
4	대인관계능력	팀웍능력, 리더십능력, 갈등관리 능력, 협상능력, 고객서비스능력
5	정보능력	컴퓨터활용능력, 정보처리 능력
6	기술능력	기술이해능력, 기술선택능력, 기술적용능력
7	조직이해능력	국제감각, 조직체제 이해 능력, 경영이해 능력, 업무이해능력

● 개발 이력

구 분		내 용
직무명칭		자금조달
분류번호		0203010203_14v2
개발연도	현재	2014
	최초(1차)	2008
버전번호		v2
개 발 자	현재	한국HRM협회
	최초(1차)	
향후 보완 연도(예정)		2019

분류번호 : 0203010204_14v2

능력단위 명칭 : 자금운용

능력단위 정의 : 자금운용이란 자금계획에 따라 기업의 내·외부에서 조달된 자금을 목적에 맞추어 집행하고 관리하는 능력이다.

능력단위요소	수 행 준 거
0203010204_14v2.1 가용자금 파악하기	1.1 조달된 자금에 따라 자금운용의 실행여부를 재검토할 수 있다. 1.2 실행이 결정된 자금에 대하여 기간별 소요자금을 산출할 수 있다. 1.3 산출된 소요자금을 고려하여 여유자금을 파악할 수 있다.
	【지 식】 ○ 화폐의 시간가치 이해 ○ 투자 자산과 유형 자산 회계처리 【기 술】 ○ 스프레드시트 활용기술 ○ 여유자금 운영 기술 ○ 자금운용을 위한 일정표 작성 기술 【태 도】 ○ 금융시장과 상품에 대한 분석력 ○ 가용자금의 운용결과가 기업에 미치는 영향에 대한 분석적 자세
0203010204_14v2.2 자금운용방안 수립하기	2.1 파악된 여유자금에 따라 장·단기 자금운용 기준을 수립할 수 있다. 2.3 수립된 여유자금의 운용기준에 따라 장·단기 자금운영 계획을 수립할 수 있다. 2.4 수립된 장·단기 자금운용계획에 따라 자금운영 일정표를 작성할 수 있다.
	【지 식】 ○ 금융상품의 이해 ○ 투자 자산의 종류와 운용 ○ 투자안의 경제성 분석

능력단위요소	수 행 준 거
	【기 술】 ○ 장·단기 여유자금 운용 기술 ○ 투자자금 성과예측 기술 ○ 자금운용 일정표 작성 기술 ○ 함수를 적용한 스프레드시트 활용 기술 【태 도】 ○ 자금운용에 대한 분석적 사고력 ○ 금융시장과 상품에 대한 분석력 ○ 자금 운용결과가 기업에 미치는 영향 분석력
0203010204_14v2.3 자금집행하기	3.1 자금운용 일정표에 따라 지불 방법을 결정할 수 있다. 3.2 결정된 지불 방법에 따라 자금을 집행할 수 있다. 3.3 집행된 자금에 대하여 결과를 확인할 수 있다. 3.4 집행 결과 확인 후 발생된 문제점을 해결할 수 있다.
	【지 식】 ○ 자금 지불 수단과 지불방법 ○ 금융거래를 위한 실무 지식 【기 술】 ○ 스프레드시트 활용 기술 ○ 자금지출프로그램 운영기술 【태 도】 ○ 자금운용에 대한 분석적 사고 자세 ○ 금융시장과 상품에 대한 분석적 자세 ○ 자금 운용결과가 기업에 미치는 영향 분석적 자세

◉ 적용범위 및 작업상황

고려사항

- 능력단위 '자금운용'은 사업목표에 의해 조달된 자금을 소요 자금(특정 목적으로 조달하는 자금)과 여유자금(소요 자금을 제외한 자금)을 운용하는 것을 포함한다.
- 능력단위 '자금운용'은 자금계획에 따라 장·단기 여유자금을 파악하여 운용계획을 수립하는 업무를 포함한다.
- 능력단위 '자금운용'에서 장기 여유자금이란 장기금유상품, 투자가치 또는 수익성 있는 부동산 등에 투자하여 자금운용을 효율성을 높일 수 있는 여유 자금을 의미 하며, 단기 여유자금이란 자금의 지출이 필요한 때 즉시에 현금화할 수 있는 단기 금융상품을 의미한다.
- 능력단위요소 '가용자금 파악하기'에서 과거 자금 데이터 분석은 영업, 투자, 재무활동에 운용된 모든 자금을 포함한다.
- 능력단위요소 '가용자금 파악하기'에서 소요자금과 여유자금은 장·단기자금운용계획에 따라 변경될 수 있는 것을 포함한다.
- 중장기 자금운용 지침은 조달비용의 초과 여부, 고수익/저수익 자산 판단, 업무무관 자산(회원권 등)의 판단을 통해 소요자금과 여유자금에 대한 장단기 운용여부를 판단할 수 있는 가이드라인을 만드는 것을 포함한다.
- 능력단위 '자금운용'에서 사용되는 세부 지식은 다음과 같다.
  - 금융상품운용방법은 외환, 채권, 주식, 펀드, 파생상품 등 기업에서 활용하고 있는 자금조달 방법으로 사용되는 모든 금융상품의 운용방법을 포함한다.
  - 자금지불수단은 현금, 전자결재, 당좌수표 및 (전자)약속어음, 현물 등을 포함하며 지불방법은 송금, 신용장 개설, 신용카드, 통화 선택 등을 포함한다.

자료 및 관련 서류

- 중·장기 사업계획서
- 장단기 자금조달 계획서
- 추정재무제표 내역
- 부문별 사업계획 내역서
- 자본비용 산출내역서
- 금융상품 투자설명서
- 자금운용 규정(지침)
- 과거 년도 사업보고서

- 자금운용 매뉴얼
- 지출 증빙 자료
- 지출 결의서
- 지출 품의서

장비 및 도구

- 컴퓨터 및 주변기기
- 문서제작도구
- 회계프로그램
- 자금운용 프로그램
- 계산기

재료

- 없음

◉ 평가지침

평가방법

- 평가자는 능력단위 자금운용의 수행준거에 제시되어 있는 내용을 평가하기 위해 이론과 실기를 나누어 평가하거나 종합적인 결과물의 평가 등 다양한 평가 방법을 사용할 수 있다.
- 피 평가자의 과정평가 및 결과평가 방법

평 가 방 법	평가유형	
	과 정 평 가	결 과 평 가
A. 포트폴리오		
B. 문제해결 시나리오		
C. 서술형시험	√	√
D. 논술형시험		
E. 사례연구	√	√
F. 평가자 질문	√	√
G. 평가자 체크리스트	√	√
H. 피평가자 체크리스트		

평가방법	평가유형	
	과정평가	결과평가
I. 일지/저널		
J. 역할연기		
K. 구두발표		
L. 작업장평가		
M. 기타		

평가시 고려사항

- 수행준거에 제시되어 있는 내용을 성공적으로 수행할 수 있는지를 평가해야 한다.
- 평가자는 다음 사항을 평가해야 한다.
  - 실행이 결정된 자금에 대하여 기간별 소요자금을 산출하여 여유자금을 파악할 수 있는 역량 보유 여부
  - 여유자금에 대한 장·단기 자금운용 기준을 수립과 운영 계획을 수립하여 자금운영 일정표를 작성할 수 있는 역량 보유 여부
  - 결정된 지불 방법에 따라 자금을 집행하고 문제점 발생시 해결 할 수 있는 역량 보유 여부

◉ 직업기초능력

순 번	직업기초능력	
	주요영역	하위영역
1	의사소통능력	문서이해 능력, 문서작성 능력, 경청능력, 의사표현 능력, 기초외국어능력
2	수리능력	기초연산 능력, 기초통계 능력, 도표분석 능력, 도표작성 능력
3	자원관리능력	시간자원관리 능력, 예산자원관리 능력, 물적자원관리 능력, 인적자원관리 능력
4	대인관계능력	팀웍능력, 리더십능력, 갈등관리 능력, 협상능력, 고객서비스능력
5	정보능력	컴퓨터활용능력, 정보처리 능력
6	기술능력	기술이해능력, 기술선택능력, 기술적용능력
7	조직이해능력	국제감각, 조직체제 이해 능력, 경영이해 능력, 업무이해능력

◉ 개발 이력

구 분		내 용
직무명칭		자금운용
분류번호		0203010204_14v2
개발연도	현재	2014
	최초(1차)	2008
버전번호		v2
개 발 자	현재	한국HRM협회
	최초(1차)	
향후 보완 연도(예정)		2019

분류번호 : 0203010205_14v2

능력단위 명칭 : 자금정보제공

능력단위 정의 : 자금정보제공이란 투자 유치와 투자자 보호를 위하여 공시규정에 따라 기업의 재무정보를 제공하는 능력이다.

능력단위요소	수 행 준 거
0203010205_14v2.1 공시하기	1.1 자본시장과 금융투자업에 관한 법률에 따라 공시규정의 변경사항을 파악할 수 있다. 1.2 공시 규정에 따라 공시에 필요한 정보를 해당부서에 요청하여 취합할 수 있다. 1.3 취합된 재무정보를 활용하여 공시 서류를 작성할 수 있다. 1.4 공시 기한 및 방법에 따라 정보를 공시할 수 있다. 1.5 공시 정보의 변경 또는 오류 발생 시 정정 공시를 할 수 있다.
	【지 식】 ○ 공시 관련 규정 ○ 공시를 위한 재무 정보 이해 ○ 공시 서류 작성 실무 【기 술】 ○ 공시 서류 작성기술 ○ 금융감독원 전자공시시스템 편집기 사용 기술 【태 도】 ○ 정보 기입을 위한 꼼꼼한 자세 ○ 투자자의 이익을 고려하는 자세 ○ 정확한 정보 산출을 위한 노력
0203010205_14v2.2 재무정보 산출하기	2.1 공시규정에 따라 재무정보 항목을 파악할 수 있다. 2.2 재무제표를 근거로 하여 항목별 재무자료를 추출할 수 있다. 2.3 추출된 재무자료를 이용하여 항목별 재무정보를 산출할 수 있다.

능력단위요소	수 행 준 거
	【지 식】 ○ 공시 관련 규정 ○ 재무 정보에 대한 이해 ○ 공시 서류 작성 방법 【기 술】 ○ 금융감독원 전자공시시스템 편집기 사용 능력 ○ 회계프로그램 활용 능력 ○ 함수를 활용한 스프레드시트 활용 능력 【태 도】 ○ 정보 기입을 위한 꼼꼼한 자세 ○ 투자자의 이익을 고려하는 태도 ○ 정확한 정보 산출을 위한 노력
0203010205_14v2.3 투자정보 지원하기	3.1 투자자 관리를 위하여 투자자의 요구 정보를 파악할 수 있다. 3.2 투자자의 요구에 따라 투자 관련 정보를 제공할 수 있다. 3.3 투자자의 추가 정보 요청 시 관련 내용을 제공할 수 있다.
	【지 식】 ○ 공시규정 ○ 재무관련 정보 이해 ○ IR(Investor Relation)추진전략 【기 술】 ○ 회계프로그램 활용기술 ○ 재무제표 분석 기술 ○ 투자 설명회를 위한 프레젠테이션 기술 【태 도】 ○ 회계적, 재무적 지표에 대한 정확히 분석하려는 노력 ○ 투자자에게 정확하고 신속하게 투자정보를 제공하려는 서비스 정신

◉ 적용범위 및 작업상황

고려사항

- 능력단위 '자금정보제공'에서 공시는 상장법인과 등록법인 등이 공시 의무가 있다.
- 능력단위 '자금정보제공'은 발행시장 공시와 유통시장 공시(정기공시, 수시공시 포함) 모두를 포함하며, 자금정보제공 시 기업 IR 공시, 주식 등의 대량보유 상황 보고서, 증권발행실적 보고서, 투자설명서, 증권신고서, 정기주주총회 결과 보고서, 감사보고서 제출, 사업보고서 등을 포함하여 공시하는 것을 포함한다.
- 능력단위 '자금정보제공'에서 필요한 상세 지식은 다음과 같다.
- 공시를 위한 재무정보: 기업 IR 공시, 주식 등의 대량보유 상황 보고서, 증권발행실적 보고서, 투자설명서, 증권신고서, 정기주주총회 결과 보고서, 감사보고서 제출, 사업보고서 등에 관한 정보를 포함한다.

자료 및 관련 서류

- 중·장기 사업계획서
- 장단기 자금조달 계획서
- 추정재무제표 내역
- 부문별 사업계획 내역서
- 자본비용 산출내역서
- 금융상품 투자설명서
- 공시관련 규정(지침)
- 당해연도 사업보고서

장비 및 도구

- 컴퓨터 및 주변기기
- 문서제작도구
- 회계프로그램
- 계산기

재료

- 없음

◉ 평가지침

평가방법

- 평가자는 능력단위 자금정보제공의 수행준거에 제시되어 있는 내용을 평가하기 위해 이론과 실기를 나누어 평가하거나 종합적인 결과물의 평가 등 다양한 평가 방법을 사용할 수 있다.
- 피 평가자의 과정평가 및 결과평가 방법

평 가 방 법	평가유형	
	과정평가	결과평가
A. 포트폴리오		
B. 문제해결 시나리오		
C. 서술형시험	√	√
D. 논술형시험		
E. 사례연구	√	√
F. 평가자 질문	√	√
G. 평가자 체크리스트	√	√
H. 피평가자 체크리스트		
I. 일지/저널		
J. 역할연기		
K. 구두발표	√	√
L. 작업장평가		
M. 기타		

평가시 고려사항

- 수행준거에 제시되어 있는 내용을 성공적으로 수행할 수 있는지를 평가해야 한다.
- 평가자는 다음 사항을 평가해야 한다.
  - 공시규정을 기준으로 경영공시 관련 정보를 추출하여 계산하여 재무정보 산출가능 여부
  - 공시 규정을 고려하여 취합된 재무정보를 기준으로 공시규정에서 요구하는 보고서 작성 가능 여부
  - 작성된 보고서를 공시 기한 및 방법을 준수한 공시가능여부
  - 공시 후 수정사항이 있을 경우 정정 공시 가능 여부
  - 투자자의 요구에 따라 요청한 투자 관련 정보를 산출하여 정보를 투자자에 제공 후 추가 요구 사항에 대응 가능 여부

◉ 직업기초능력

순번	직업기초능력 주요영역	하위영역
1	의사소통능력	문서이해 능력, 문서작성 능력, 경청능력, 의사표현 능력, 기초외국어능력
2	수리능력	기초연산 능력, 기초통계 능력, 도표분석 능력, 도표작성 능력
3	문제해결능력	사고력, 문제처리 능력
4	자원관리능력	시간자원관리 능력, 예산자원관리 능력, 물적자원관리 능력, 인적자원관리 능력
5	대인관계능력	팀웍능력, 리더십능력, 갈등관리 능력, 협상능력, 고객서비스능력
6	정보능력	컴퓨터활용능력, 정보처리 능력
7	조직이해능력	국제감각, 조직체제 이해 능력, 경영이해 능력, 업무이해능력
8	직업윤리	근로윤리, 공동체 윤리

◉ 개발 이력

구 분		내 용
직무명칭		자금정보제공
분류번호		0203010205_14v2
개발연도	현재	2014
	최초(1차)	2008
버전번호		v2
개 발 자	현재	한국HRM협회
	최초(1차)	
향후 보완 연도(예정)		2019

분류번호 : 0203010206_14v2

능력단위 명칭 : 재무위험관리

능력단위 정의 : 재무위험관리란 기업의 재무위험을 최소화하기 위하여 위험대상의 식별, 대응계획 수립, 대응결과의 검토를 통해 재무위험을 최소 비용으로 관리하는 능력이다.

능력단위요소	수 행 준 거
0203010206_14v2.1 위험대상 식별하기	1.1 자금의 조달, 운영방법에 따라 재무 위험의 종류를 파악할 수 있다. 1.2 파악된 위험의 종류에 따라 위험 노출정도를 분석할 수 있다. 1.3 분석된 위험 노출정도에 따라 통제 가능 여부를 판단할 수 있다. 【지 식】 ○ 재무위험에 대한 분류방식 ○ 위험요소별 대응 방안 ○ 리스크 관리 규정 ○ 재무 위험 최소화를 위한 손익분석 【기 술】 ○ 자금 운영 기술 ○ 위험률 분석 기술 ○ 위험통제 기술 【태 도】 ○ 정확성을 높이기 위한 세심한 자세 ○ 적극적인 위험관리 의식
0203010206_14v2.2 위험대상 대응하기	2.1 통제 가능한 위험요소에 대하여 관리 우선순위를 도출할 수 있다. 2.2 도출된 우선순위에 따라 위험 관리 비용을 산출할 수 있다. 2.3 산출된 관리비용을 기준으로 가능한 위험 관리방법을 결정할 수 있다. 2.4 결정된 관리 방법에 따라 위험 통제를 위한 계획을 수립할 수 있다. 【지 식】

능력단위요소	수 행 준 거
	○ 재무 위험관리 ○ 기초통계분석 ○ 위험요소별 대응 방안 수립 ○ 리스크 관리 규정 ○ 재무 위험 최소화를 위한 손익분석 【기 술】 ○ 재무 위험분류 능력 ○ 재무 위험의 계량화 능력 ○ 재무 위험 분석 능력 ○ 재무 위험관리 시뮬레이션 능력 ○ 통계프로그램 활용능력 【태 도】 ○ 제안된 전략에 내재된 위험을 정확하게 예측하고자 하는 자세 ○ 위험에 적극적으로 대처하고자 하는 자세
0203010206_14v2.3 결과 검토하기	3.1 계획된 위험관리 방안에 따라 위험관리의 실행 적정성을 평가할 수 있다. 3.2 평가결과에 따라 위험관리계획을 보완 할 수 있다. 3.3 수정된 위험관리 계획을 반영하여 위험관리 방법을 개선할 수 있다. 【지 식】 ○ 재무위험에 대한 분류방식 ○ 위험요소별 대응 방안 ○ 리스크 관리 규정 【기 술】 ○ 위험분류 능력 ○ 위험의 계량화 능력 ○ 위험 분석 능력 ○ 위험 시뮬레이션 능력 ○ 통계프로그램 활용 능력 【태 도】 ○ 상황변화에 적극적으로 대처하려는 자세 ○ 적극적인 위험관리 의식

◉ 적용범위 및 작업상황

고려사항

- 능력단위 '재무위험관리' 조달한 자금의 상환, 조달 조건의 변동, 예측하지 못한 재무적 변동사항을 포함한 위험을 사전에 계획 하고 통제하기 위한 활동을 모두 포함한다.
- 능력단위 '재무위험관리'는 자금조달 비용, 자금조달의 용이성, 자금의 안정성을 관리하는 것을 포함하며 세부 내용은 다음과 같다
    - 자금조달 비용: 금리의 구성요소(기준금리, 신용위험원가, 업무원가, 자본비용, 상품이익률 등)을 고려하여 기업 대출 금리를 적용 하고 있으며 구성요소에 따라 변동되는 기업대출 금리를 말한다.
    - 자금조달의 용이성: 자금의 조달 절차의 간편성, 적시성, 적정 규모 조달가능성 등을 포함한다.
    - 자금의 안정성: 기업내 위험관리규정에 따라 자금조달 및 유지의 안정성을 확보하기 위하여 현금 보유고 관리, 환위험 관리, 부채비율 관리, 금리변동 관리 등의 업무 수행을 포함한다.
- 능력단위 '재무위험관리'에서 재무 위험의 종류는 환율위험, 정부규제, 금리변동, 경기변동 등을 포함한다.
- 능력단위 요소 '위험대상 대응하기'에서 위험관리 비용이란 차입자금의 경우, 중도상환수수료, 한도 미사용수수료, 지급보증 수수료 등, 보유 자금의 경우 자금 운용에 대한 기회비용, 외환의 경우 환 헤지 상품 관련 비용, 환헤지 컨설팅 비용 등 종합적으로 산출하는 것을 포함한다.
- 능력단위 요소 '위험대상 대응하기'에서 위험관리 방법이란 현금보유고, 환위험, 부채비율, 금리변동, 원재료 가격 위험 등의 위험을 관리하는 것을 포함한다.

자료 및 관련 서류

- 한국은행 및 각 경제연구소 발간 경제 동향
- 경제 지표
- 환율동향
- 금융상품 안내서
- 투자계획서
- 사업계획서
- 재무제표
- 위험관리 매뉴얼
- 위험관리 규정

장비 및 도구

- 컴퓨터 및 주변기기
- 문서제작도구
- 계산기
- 통계프로그램

재료

- 없음

◉ 평가지침

평가방법

- 평가자는 능력단위 재무위험관리의 수행준거에 제시되어 있는 내용을 평가하기 위해 이론과 실기를 나누어 평가하거나 종합적인 결과물의 평가 등 다양한 평가 방법을 사용할 수 있다.
- 피 평가자의 과정평가 및 결과평가 방법

평가 방법	평가유형	
	과정평가	결과평가
A. 포트폴리오		
B. 문제해결 시나리오		
C. 서술형시험	√	√
D. 논술형시험		
E. 사례연구	√	√
F. 평가자 질문	√	√
G. 평가자 체크리스트	√	√
H. 피평가자 체크리스트		
I. 일지/저널		
J. 역할연기		
K. 구두발표		√
L. 작업장평가		
M. 기타		

> 평가시 고려사항

- 수행준거에 제시되어 있는 내용을 성공적으로 수행할 수 있는지를 평가해야 한다.
- 평가자는 다음 사항을 평가해야 한다.
  - 발생 가능한 재무 위험의 종류를 이해하고 위험의 종류대한 위험 노출정도를 분석할 통제 가능여부를 판단할 수 있는 역량 보유 여부
  - 위험요소 관리 우선순위를 도출하여 위험 관리 비용 산출과 위험 관리방법을 결정하여 위험 통제 계획을 수립할 수 있는 역량 보유 여부
  - 위험관리의 실행 적정성을 평가하여 위험관리 방법을 개선할 수 있는 역량 보유 여부

◉ 직업기초능력

순번	직업기초능력	
	주요영역	하위영역
1	의사소통능력	문서이해 능력, 문서작성 능력, 경청능력, 의사표현 능력, 기초외국어능력
2	수리능력	기초연산 능력, 기초통계 능력, 도표분석 능력, 도표작성 능력
3	문제해결능력	사고력, 문제처리 능력
4	자원관리능력	시간자원관리 능력, 예산자원관리 능력, 물적자원관리 능력, 인적자원관리 능력
5	대인관계능력	팀웍능력, 리더십능력, 갈등관리 능력, 협상능력, 고객서비스능력
6	정보능력	컴퓨터활용능력, 정보처리 능력
7	조직이해능력	국제감각, 조직체제 이해 능력, 경영이해 능력, 업무이해능력
8	직업윤리	근로윤리, 공동체 윤리

◉ 개발 이력

구 분		내 용
직무명칭		재무위험관리
분류번호		0203010206_14v2
개발연도	현재	2014
	최초(1차)	2008
버전번호		v2
개 발 자	현재	한국HRM협회
	최초(1차)	
향후 보완 연도(예정)		2019

분류번호 : 0203010207_14v2

능력단위 명칭 : 성과 분석

능력단위 정의 : 성과 분석이란 조직의 효율적인 자금운용을 위하여 계획 대비 실적에 대한 차이 분석과 원인에 대한 대응방안을 도출하여 차기계획에 반영 하는 능력이다.

능력단위요소	수 행 준 거
0203010207_14v2.1 실적분석하기	1.1 평가의 객관성을 확보하기 위하여 실적 분석 기준을 수립할 수 있다. 1.2 수립된 실적분석 기준으로 계획 대비 실적을 분석할 수 있다. 1.3 분석된 결과에 대하여 차이 발생 시 차이 발생 원인을 분석할 수 있다.
	【지 식】 ㅇ 자금운용 성과 분석 ㅇ 목표관리 절차와 방법 ㅇ 관리회계 실무 【기 술】 ㅇ 성과관리 능력 ㅇ 실적분석 능력 【태 도】 ㅇ 자금운용을 위한 경영자적 자세 ㅇ 자금운용결과를 객관적인 분석 의지 ㅇ 자금운용 개선을 위한 적극적 자세
0203010207_14v2.2 평가보고하기	2.1 실적분석 결과와 차이원인에 따라 대응방안을 도출할 수 있다. 2.2 도출된 대응방안을 반영하여 자금운용 평가보고서를 작성할 수 있다. 2.3 평가보고서에 작성된 내용에 따라 자금운용 평가 결과를 보고할 수 있다.
	【지 식】 ㅇ 자금운용 평가 보고서 작성 ㅇ 계획 대비 실적분석

능력단위요소	수행준거
	【기 술】 ○ 평가결과 보고서 작성 ○ 평가보고서 프레젠테이션 능력 【태 도】 ○ 대안마련을 위한 적극적 자세 ○ 자금운용을 위한 경영자적 자세 ○ 원활한 의사소통 노력
0203010207_14v2.3 차기계획 반영하기	3.1 보고된 대응방안을 검토하여 차기 자금운용계획에 반영여부를 판단할 수 있다. 3.2 반영여부에 따라 차기 자금운용계획에 대응방안을 반영할 수 있다. 3.3 대응방안이 반영된 자금운용계획을 작성하여 관련 부서에 교육할 수 있다.
	【지 식】 ○ 금융상품의 종류와 특성 ○ 자금조달 방법 ○ 재무관리에 대한 이해 【기 술】 ○ 스프레드시트 활용 능력 ○ 금융상품의 운용 능력 【태 도】 ○ 금융시장과 상품에 대한 분석적 자세 ○ 가용자금의 운용결과가 기업에 미치는 영향분석 자세

◉ 적용범위 및 작업상황

고려사항

- 능력단위 '성과 분석'이란 조직의 효율적인 자금운용을 위하여 계획 대비 실적에 대한 차이 분석, 차이 원인에 대한 대응방안 보고, 결과 내용의 차기계획에 반영 하는 것을 포함한다.
- 능력단위 '성과 분석' 이란 자금의 조달과 운영의 성과가 기업의 경영성과에 미치는 영향을 분석

하고, 기업의 실질적인 가치를 높이는 업무를 포함한다.
- 능력단위 '성과 분석'에서 쓰인 대응방안이란 목표대비 자금조달과 운영상에서 발생한 차이의 원인을 분석하여 대처 할 수 있는 것을 말하며, 자금 조달 비용, 자금조달의 용이성, 자금의 안정성 등이 계획대비 차이가 발생한 원인을 찾아 해결 가능한 방안을 말한다.

자료 및 관련 서류

- 한국은행 및 각 경제연구소 발간 경제 동향
- 경제 지표
- 환율동향
- 금융상품 안내서
- 투자계획서
- 사업계획서
- 재무제표
- 실적보고서
- 성과평가 기준

장비 및 도구

- 컴퓨터 및 주변기기
- 문서제작도구
- 계산기

재료

- 없음

◉ 평가지침

평가방법

- 평가자는 능력단위 성과분석의 수행준거에 제시되어 있는 내용을 평가하기 위해 이론과 실기를 나누어 평가하거나 종합적인 결과물의 평가 등 다양한 평가 방법을 사용할 수 있다.
- 피 평가자의 과정평가 및 결과평가 방법

평 가 방 법	평가유형	
	과정평가	결과평가
A. 포트폴리오		
B. 문제해결 시나리오		
C. 서술형시험	√	√
D. 논술형시험		
E. 사례연구	√	√
F. 평가자 질문	√	√
G. 평가자 체크리스트	√	√
H. 피평가자 체크리스트		
I. 일지/저널		
J. 역할연기		
K. 구두발표		√
L. 작업장평가		
M. 기타		

평가시 고려사항

- 수행준거에 제시되어 있는 내용을 성공적으로 수행할 수 있는지를 평가해야 한다.
- 평가자는 다음 사항을 평가해야 한다.
 - 실적분석 기준으로 계획 대비 실적을 분석 자금운용에 대한 개선 방안을 제시할 수 있는 역량 보유 여부
 - 실적분석 기준에 따라 해당 자금운용 평가보고서를 작성할 수 있는 역량 보유 여부
 - 실적분석 자료에 따라 대응방안을 도출할 수 있는 역량 보유 여부
 - 대응방안을 차기 자금운용 계획에 반영 가능성을 평가하여 차기 자금운용계획에 반영할 수 있는 역량 보유 여부

◉ 직업기초능력

순번	직업기초능력	
	주요영역	하위영역
1	의사소통능력	문서이해 능력, 문서작성 능력, 경청능력, 의사표현 능력, 기초외국어능력
2	수리능력	기초연산 능력, 기초통계 능력, 도표분석 능력, 도표작성 능력
3	자원관리능력	시간자원관리 능력, 예산자원관리 능력, 물적자원관리 능력, 인적자원관리 능력
4	대인관계능력	팀웍능력, 리더십능력, 갈등관리 능력, 협상능력, 고객서비스능력
5	정보능력	컴퓨터활용능력, 정보처리 능력
6	조직이해능력	국제감각, 조직체제 이해 능력, 경영이해 능력, 업무이해능력
7	직업윤리	근로윤리, 공동체 윤리

◉ 개발 이력

구분		내용
직무명칭		성과 분석
분류번호		0203010207_14v2
개발연도	현재	2014
	최초(1차)	2008
버전번호		v2
개발자	현재	한국HRM협회
	최초(1차)	
향후 보완 연도(예정)		2019

3. 관련자격 개선 의견(직무별 능력단위)

능력단위	국가직무능력표준 수준	관련자격	개선의견
자금계획수립	6	경영지도사(재무관리) ERP회계정보관리사 원가분석사	해당사항 없음
자금조달준비	5		
자금조달	5		
자금운용	4		
자금정보제공	3		
재무위험관리	5		
성과 분석	6		

활.용.패.키.지

1 평생경력개발 경로

1 개발목적
- ○ 산업현장의 근로자를 경력개발, 채용·승진 등 인사관리를 위하여 국가직무능력표준에 따라 경력개발경로 콘텐츠* 개발
  * 국가직무능력표준 개발시 평생경력개발경로 모형, 직무기술서, 채용·배치·승진 체크리스트, 자가진단도구 개발

2 활용대상

활용콘텐츠 개발	활용대상
평생경력개발경로 모형	사업체, 근로자
직무기술서	사업체
채용·배치·승진 체크리스트	사업체
자가진단도구	근로자

3 활용방법
- ○ 평생경력개발 콘텐츠의 내용과 사업체의 경력개발경로, 직무기술서 등을 비교·분석
- ○ 평생경력개발 콘텐츠를 그대로 활용하거나 변형하여 활용
  - 콘텐츠의 내용이 사업체의 경력개발경로 등이 유사한 경우에는 그대로 개발된 콘텐츠를 그대로 활용
  - 콘텐츠의 내용이 사업체와 일부 상이한 경우에는 사업체의 특성에 맞게 콘텐츠의 내용을 변경하여 활용

4 기대효과

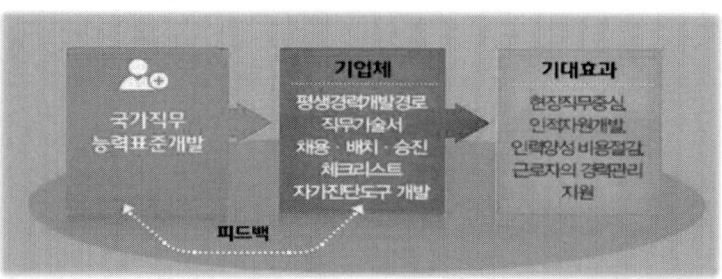

1. 평생경력개발경로 모형

1-1. 능력단위구조도

직능수준	예산	자금
6	예산위험관리	성과분석 / 자금계획수립
5	연간종합예산수립	재무위험관리 / 자금조달 / 자금조달 준비
4	예산편성지침수립 / 부문예산 수립 / 예산실적관리	자금운용
3	추정재무제표작성 / 확정예산운영	자금정보제공
직능유형	예산	자금

1-2. 평생경력개발 체계도

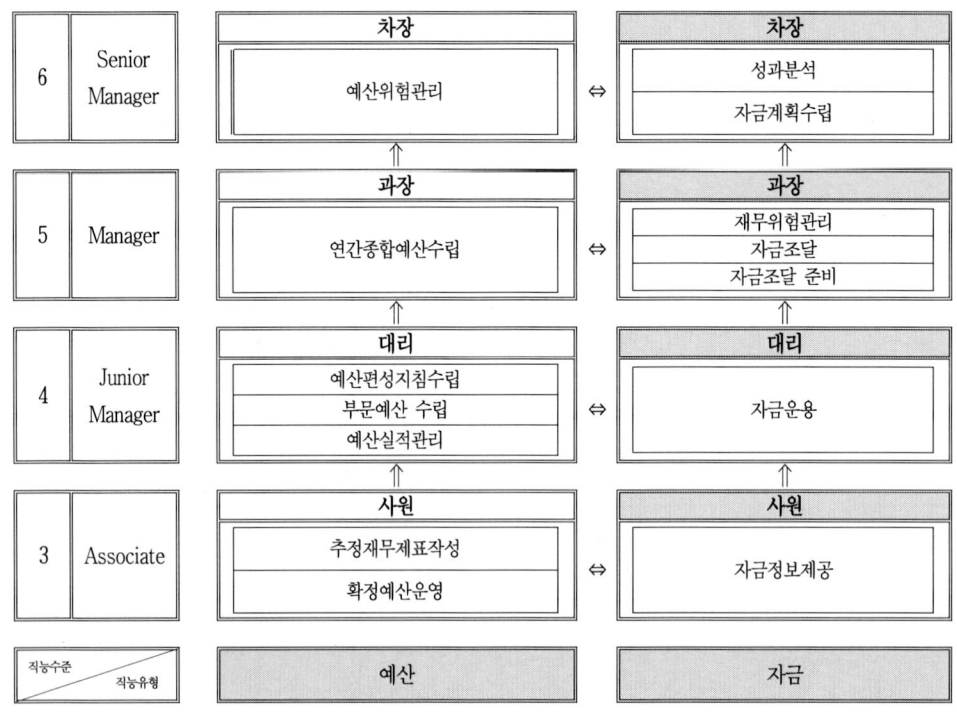

1-3. 평생경력개발경로

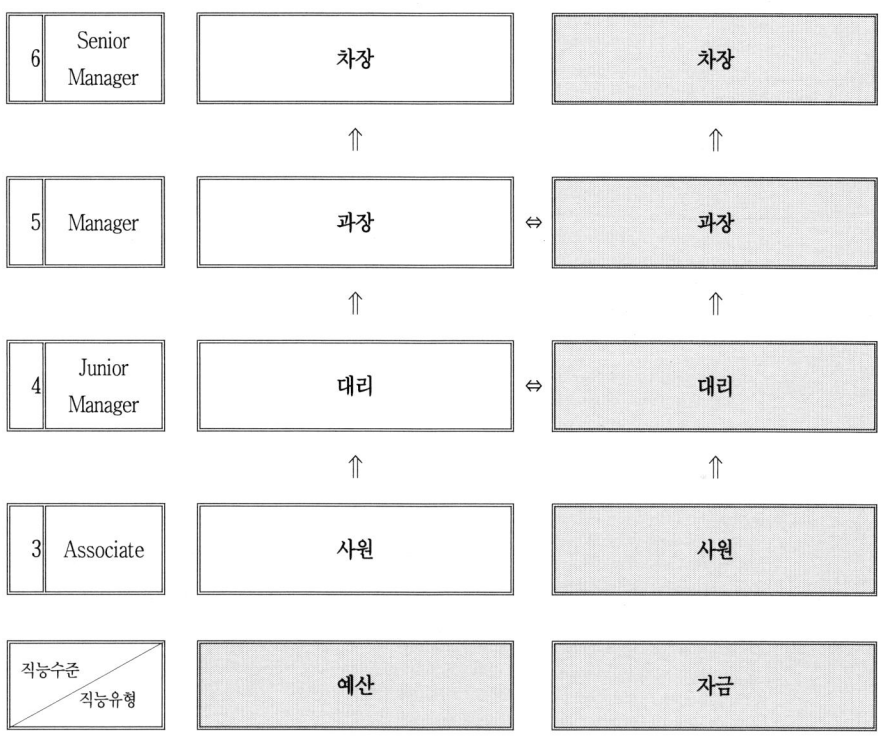

2. 직무기술서

2.1. 직무기술서 개요

○ 개념 : 직무기술서는 해당 직무의 목적과 업무의 범위, 주요 책임, 요구받는 역할, 직무 수행 요건 등 직위에 관한 정보를 제시한 문서를 의미

○ 구성요소
   - 직무, 능력단위분류번호, 능력단위, 직무목적, 직무 책임 및 역할, 직무수행요건으로 구성
   - 추가 정보 제공을 위해 개발 날짜, 개발 기관을 추가 제시

구성요소	세부내용
능력단위분류번호	• 전체 직무 구조 관리를 위한 직무 고유의 코드번호
능력단위	• 수행하고자 하는 능력단위의 명칭
직무목적	• 직무를 수행함으로써 이루고자 하는 직무의 목적
개발날짜	• 개발된 년, 월, 일
개발기관	• 직무기술서를 개발한 기관
직무 책임 및 역할	• 직무에 대한 책임 및 역할 영역 분류 및 상세 내용
직무수행요건	• 직무를 수행하기 위하여 개인이 일반적으로 갖추어야 할 사항 - 학력, 자격증, 지식 및 스킬, 사전 직무경험, 직무숙련기간 등

☐ 직무 기본 정보

직 무	자금	능력단위분류번호	0203010201_14v2
		능 력 단 위	자금계획수립
직무 목적	기업 경영에 필요한 영업, 투자, 재무활동을 수행하기 위하여 자금의 조달과 운용 계획을 수립할 수 있다.		
개발 날짜	2014.11.12	개 발 기 관	한국HRM협회

☐ 직무 책임 및 역할

주 요 업 무	책임 및 역할
영업활동 자금계획하기	• 사업계획에 따라 판매, 생산, 구매 등 영업활동과 관련된 항목을 분류한다. • 분류한 항목에 따라 영업활동과 관련된 현금흐름을 도출한다. • 도출된 현금흐름에 대하여 적정성을 평가한다. • 평가결과에 따라 자금의 현금흐름을 조정하여 영업활동 자금계획을 수립한다.
투자활동 자금계획하기	• 사업계획에 따라 투자 목적의 자산 취득과 평가·처분 등과 관련된 항목을 분류한다. • 영업활동 자금계획에 따라 투자자산의 매매 여부를 결정한다. • 결정된 투자자산의 매매 여부에 대하여 적정성을 평가한다. • 평가결과에 따라 자금의 현금흐름을 조정하여 투자활동 자금계획을 수립한다.
재무활동 자금계획하기	• 영업 및 투자활동 자금계획에 따라 적정 자금 규모를 산출한다. • 적정 자금에 따라 재무활동 자금계획을 수립한다. • 수립된 재무활동 자금계획을 기준으로 사업계획의 변경 여부를 담당부서와 협의한다. • 도출된 영업, 투자, 재무 활동 자금계획을 통합하여 자금계획서를 작성한다.

□ 직무수행 요건

구 분	상 세 내 용	
학습경험	· 4년제 대학 졸업	(상경, 법정계열, 금융 관련 공학계열)
	· 재무관리 분야 향상과정 · 금융상품 관련 과정 · 자금운용 관련 과정	(분야: 재무관리, 회계)
자격증	· 경영지도사(재무관리) · 전산회계운용사 · ERP회계정보관리사 · 원가분석사	
지식·기술	· 기초 함수를 포함한 스프레드시트 활용 기술 · 법인세법 · 스프레드시트 함수 활용기술 · 영업활동 필요자금에 대한 회계적 지식 · 영업활동과 관련된 재무제표 지식 · 유가증권 상장 규정 관련 법규 · 자금계획서 작성 기술 · 재무 분석 · 재무활동의 개념 · 투자대상 경제성 분석 · 투자대상의 가치평가 기술 · 투자활동 필요자금에 대한 회계적 지식 · 투자활동과 관련된 재무제표 이해 · 투자활동의 개념 · 특별부가세 · 현금흐름 적정성 분석 기술 · 현금흐름 적정성 분석 능력 · 현금흐름 적정성 평가 · 화폐의 시간가치의 개념	
사전직무경험	· 재무위험관리 · 자금조달 · 자금운용	
직무숙련기간	약 10년	

☐ 직무 기본 정보

직 무	자금	능력단위분류번호	0203010202_14v2
		능 력 단 위	자금조달준비
직무 목적	자금계획에 따라 자금의 조달방안을 수립하여 조달비용을 최소화 할 수 있는 조달방법을 결정할 수 있다.		
개발 날짜	2014.11.12	개 발 기 관	한국HRM협회

☐ 직무 책임 및 역할

주 요 업 무	책임 및 역할
자금조달방안 수립하기	• 자금계획에 따라 자금 시장 환경을 분석한다. • 시장 환경 분석 결과에 따라 조달조건에 대한 타당성을 분석한다. • 타당성 분석 결과에 따라 사업계획서에 부합된 조달방안을 수립한다.
자금조달비용 산정하기	• 수립된 조달방안에 따라 자금의 원천별 조달비용을 산출한다. • 원천별 조달비용과 기업의 허용기준을 비교하여 조달비용의 적정성을 평가한다. • 평가 결과에 따라 조달비용이 최소화 될 수 있는 원천별 자금조달방법을 도출한다.
자금조달방법 결정하기	• 도출된 원천별 자금조달방법에 대하여 자금의 유형별 자금조달방법을 분류한다. • 분류된 자금조달 방법을 기준으로 용도에 맞게 자금조달방법의 우선순위를 설정한다. • 우선순위에 따라 최적의 조달방법을 결정한다.

□ 직무수행 요건

구 분	상 세 내 용	
학습경험	· 4년제 대학 졸업	(상경, 법정계열, 금융 관련 공학계열)
	· 재무관리 분야 향상과정 · 금융상품 관련 과정 · 자금운용 관련 과정	(분야: 재무관리, 회계)
자격증	· 경영지도사(재무관리) · 전산회계운용사 · ERP회계정보관리사 · 원가분석사	
지식·기술	· 기초 함수를 포함한 스프레드시트 활용 기술 · 자금 조달과 관련된 금융상품의 이해 · 자금조달의 종류와 절차 · 자금 조달조건에 대한 타당성 분석 · 자금조달 관련 법규 및 세제 · 자본조달 비용 계산과 적정성 평가 · 자본조달 비용 산출 방법 · 자금조달 방안별 타당성 분석기술 · 자금조달 비용 산출 기술	
사전직무경험	· 자금운용 · 자금정보제공	
직무숙련기간	약 6년	

☐ 직무 기본 정보

직 무	자금	능력단위분류번호	0203010203_14v2
		능 력 단 위	자금조달
직무 목적	자금조달이란 수립된 자금조달 계획에 따라 기업 내·외부의 자금을 조달하고 관리할 수 있다.		
개발 날짜	2014.11.12	개 발 기 관	한국HRM협회

☐ 직무 책임 및 역할

주 요 업 무	책임 및 역할
내부자금 조달하기	· 현금흐름을 고려하여 이익잉여금을 통해 소요 자금을 조달한다. · 자산 수익률을 고려하여 자산 매각 등을 통하여 소요 자금을 조달한다. · 대주주 등으로 부터 소요 자금을 조달한다.
외부자금 조달하기	· 국·내외 금융시장을 통해서 소요자금을 조달한다. · 정부정책자금제도를 통해서 소요자금을 조달한다. · 지방자치단체의 자금지원제도를 통해서 소요자금을 조달한다. · 매출채권 등에 대한 위험을 고려하여 선수금 규모를 결정 후 소요자금을 조달한다. · 기업의 대내외 환경을 고려하여 국·내외 유가증권시장을 통해 소요자금을 조달한다.
조달자금 관리하기	· 조달된 자금을 자금조달계획과 비교하여 소요자금의 과부족 규모를 산정한다. · 소요자금이 부족 시 추가적인 자금조달을 한다. · 계획대비 조달자금이 초과된 경우 초과된 자금을 가용자금으로 운용한다.

□ 직무수행 요건

구 분	상 세 내 용	
학습경험	· 4년제 대학 졸업	(상경, 법정계열, 금융 관련 공학계열)
	· 재무관리 분야 향상과정 · 금융상품 관련 과정 · 자금운용 관련 과정	(분야: 재무관리, 회계)
자격증	· 경영지도사(재무관리) · 전산회계운용사 · ERP회계정보관리사 · 원가분석사	
지식·기술	· 기업 회계기준 이해 · 내부 자금의 현금흐름 분석 능력 · 내부자금 조달과 관련된 세법 · 매출채권 위험 예측 능력 · 산별 매각시장에 대한 이해 · 상법중회사법 · 소요자금에 대한 과부족 산정기술 · 스프레드시트 활용기술 · 신용평가 조사서 작성 능력 · 외부자금 조달을 위한 세법 · 외환관리 이해 · 자금 조달과 관련된 금융상품의 이해 · 자금조달비용 비교분석기술 · 자금조달을 위한 사업계획서 작성 능력 · 자금조달의 종류와 절차 · 자본조달 비용 산출 방법 · 자산 수익률 비교 분석 능력 · 정부정책자금제도 활용 절차 및 방법 · 회계처리능력	
사전직무경험	· 자금운용 · 자금정보제공	
직무숙련기간	약 6년	

☐ 직무 기본 정보

직 무	자금	능력단위분류번호	0203010204_14v2
		능 력 단 위	자금운용
직무 목적	자금계획에 따라 기업의 내·외부에서 조달된 자금을 목적에 맞추어 집행하고 관리할 수 있다.		
개발 날짜	2014.11.12	개 발 기 관	한국HRM협회

☐ 직무 책임 및 역할

주 요 업 무	책임 및 역할
가용자금 파악하기	• 조달된 자금에 따라 자금운용의 실행여부를 재검토한다. • 실행이 결정된 자금에 대하여 기간별 소요자금을 산출한다. • 산출된 소요자금을 고려하여 여유자금을 파악한다.
자금운용방안 수립하기	• 파악된 여유자금에 따라 장·단기 자금운용 기준을 수립한다. • 수립된 여유자금의 운용기준에 따라 장·단기 자금운영 계획을 수립한다. • 수립된 장·단기 자금운용계획에 따라 자금운영 일정표를 작성한다.
자금집행하기	• 자금운용 일정표에 따라 지불 방법을 결정한다. • 결정된 지불 방법에 따라 자금을 집행한다. • 집행된 자금에 대하여 결과를 확인한다. • 집행 결과 확인 후 발생된 문제점을 해결한다.

□ 직무수행 요건

구 분	상 세 내 용	
학습경험	· 4년제 대학 졸업	(상경, 법정계열, 금융 관련 공학계열)
	· 재무관리 분야 향상과정 · 금융상품 관련 과정 · 자금운용 관련 과정	(분야: 재무관리, 회계)
자격증	· 경영지도사(재무관리) · 전산회계운용사 · ERP회계정보관리사 · 원가분석사	
지식·기술	· 금융거래를 위한 실무 지식 · 금융상품의 이해 · 스프레드시트 활용기술 · 여유자금 운영 기술 · 자금지불수단과지불방법 · 자금운용 일정표 작성 기술 · 자금운용을 위한 일정표 작성 기술 · 자금지출프로그램 운영기술 · 장·단기여유자금운용기술 · 투자 자산과 유형 자산 회계처리 · 투자 자산의 종류와 운용 · 투자안의경제성분석 · 투자자금 성과예측 기술 · 함수를 적용한 스프레드시트 활용 기술 · 화폐의 시간가치 이해	
사전직무경험	· 자금정보제공 · 확정예산운영 · 추정재무제표작성	
직무숙련기간	약 4년	

☐ 직무 기본 정보

직 무	자금	능력단위분류번호	0203010205_14v2
		능 력 단 위	자금정보제공
직무 목적	투자 유치와 투자자 보호를 위하여 공시규정에 따라 기업의 재무정보를 제공할 수 있다.		
개발 날짜	2014.11.12	개 발 기 관	한국HRM협회

☐ 직무 책임 및 역할

주 요 업 무	책임 및 역할
공시하기	・자본시장과 금융투자업에 관한 법률에 따라 공시규정의 변경사항을 파악한다. ・공시 규정에 따라 공시에 필요한 정보를 해당부서에 요청하여 취합한다. ・취합된 재무정보를 활용하여 공시 서류를 작성한다. ・공시 기한 및 방법에 따라 정보를 공시한다. ・공시 정보의 변경 또는 오류 발생 시 정정 공시를 한다.
재무정보 산출하기	・공시규정에 따라 재무정보 항목을 파악한다. ・재무제표를 근거로 하여 항목별 재무자료를 추출한다. ・추출된 재무자료를 이용하여 항목별 재무정보를 산출한다.
투자정보 지원하기	・투자자 관리를 위하여 투자자의 요구 정보를 파악한다. ・투자자의 요구에 따라 투자 관련 정보를 제공한다. ・투자자의 추가 정보 요청 시 관련 내용을 제공한다.

□ 직무수행 요건

구 분	상 세 내 용	
학습경험	· 전문대학졸업	(상경, 법정계열, 금융 관련 공학계열)
	· 재무관리 분야 향상과정 · 금융상품 관련 과정 · 자금운용 관련 과정	(분야: 재무관리, 회계)
자격증	· 경영지도사(재무관리) · 전산회계운용사 · ERP회계정보관리사 · 원가분석사	
지식·기술	· 공시 관련 규정 · 공시서류작성방법 · 공시 서류 작성 실무 · 공시 서류 작성기술 · 공시를 위한 재무 정보 이해 · 금융감독원 전자공시시스템 편집기 사용 기술 · IR(InvestorRelation)추진전략 · 재무 정보에 대한 이해 · 재무관련 정보 이해 · 재무제표 분석 기술 · 투자 설명회를 위한 프레젠테이션 기술 · 함수를 활용한 스프레드시트 활용 능력 · 회계프로그램 활용 능력	
사전직무경험	· 확정예산운영	
직무숙련기간	약 3년	

☐ 직무 기본 정보

직 무	자금	능력단위분류번호	0203010206_14v2
		능 력 단 위	재무위험관리
직무 목적	재무위험관리란 기업의 재무위험을 최소화하기 위하여 위험대상의 식별, 대응계획 수립, 대응결과의 검토를 통해 재무위험을 최소 비용으로 관리할 수 있다.		
개발 날짜	2014.11.12	개 발 기 관	한국HRM협회

☐ 직무 책임 및 역할

주 요 업 무	책임 및 역할
위험대상 식별하기	• 자금의 조달, 운영방법에 따라 재무 위험의 종류를 파악한다. • 파악된 위험의 종류에 따라 위험 노출정도를 분석한다. • 분석된 위험 노출정도에 따라 통제 가능 여부를 판단한다.
위험대상 대응하기	• 통제 가능한 위험요소에 대하여 관리 우선순위를 도출한다. • 도출된 우선순위에 따라 위험 관리 비용을 산출한다. • 산출된 관리비용을 기준으로 가능한 위험 관리방법을 결정한다. • 결정된 관리 방법에 따라 위험 통제를 위한 계획을 수립한다.
결과 검토하기	• 계획된 위험관리 방안에 따라 위험관리의 실행 적정성을 평가한다. • 평가결과에 따라 위험관리계획을 보완 한다. • 수정된 위험관리 계획을 반영하여 위험관리 방법을 개선한다.

□ 직무수행 요건

구 분	상 세 내 용	
학습경험	· 4년제 대학 졸업	(상경, 법정계열, 금융 관련 공학계열)
	· 재무관리 분야 향상과정 · 금융상품 관련 과정 · 자금운용 관련 과정	(분야: 재무관리, 회계)
자격증	· 경영지도사(재무관리) · 전산회계운용사 · ERP회계정보관리사 · 원가분석사	
지식·기술	· 기초통계분석 · 리스크 관리 규정 · 리스크 관리 규정 · 위험 분석 능력 · 위험 시뮬레이션 능력 · 위험률 분석 기술 · 위험분류 능력 · 위험요소별 대응 방안 · 위험요소별 대응 방안 · 위험요소별 대응 방안 수립 · 위험의 계량화 능력 · 위험통제 기술 · 자금 운영 기술 · 재무 위험 분석 능력 · 재무 위험 최소화를 위한 손익분석 · 재무 위험관리 · 재무 위험관리 시뮬레이션 능력 · 재무 위험분류 능력 · 재무 위험의 계량화 능력 · 재무위험에 대한 분류방식 · 재무위험에 대한 분류방식 · 통계프로그램 활용능력	
사전직무경험	· 자금조절 · 자금운용 · 자금정보제공 · 확정예산운영 · 추정재무제표작성	
직무숙련기간	약 8년	

☐ 직무 기본 정보

직 무	자금	능력단위분류번호	0203010207_14v2
		능 력 단 위	성과 분석
직무 목적	조직의 효율적인 자금운용을 위하여 계획 대비 실적에 대한 차이 분석과 원인에 대한 대응방안을 도출하여 차기계획에 반영할 수 있다.		
개발 날짜	2014.11.12	개 발 기 관	한국HRM협회

☐ 직무 책임 및 역할

주 요 업 무	책임 및 역할
실적분석하기	• 평가의 객관성을 확보하기 위하여 실적 분석 기준을 수립한다. • 수립된 실적분석 기준으로 계획 대비 실적을 분석한다. • 분석된 결과에 대하여 차이 발생 시 차이 발생 원인을 분석한다.
평가보고하기	• 실적분석 결과와 차이원인에 따라 대응방안을 도출한다. • 도출된 대응방안을 반영하여 자금운용 평가보고서를 작성한다. • 평가보고서에 작성된 내용에 따라 자금운용 평가 결과를 보고한다.
차기계획 반영하기	• 보고된 대응방안을 검토하여 차기 자금운용계획에 반영여부를 판단한다. • 반영여부에 따라 차기 자금운용계획에 대응방안을 반영한다. • 대응방안이 반영된 자금운용계획을 작성하여 관련 부서에 교육한다.

□ 직무수행 요건

구 분	상 세 내 용	
학습경험	· 4년제 대학 졸업	(상경, 법정계열, 금융 관련 공학계열)
	· 재무관리 분야 향상과정 · 금융상품 관련 과정 · 자금운용 관련 과정	(분야: 재무관리, 회계)
자격증	· 경영지도사(재무관리) · 전산회계운용사 · ERP회계정보관리사 · 원가분석사	
지식·기술	· 계획 대비 실적분석 · 관리회계 실무 · 금융상품의 운용 능력 · 금융상품의 종류와 특성 · 목표관리 절차와 방법 · 성과관리 능력 · 스프레드시트 활용 능력 · 실적분석 능력 · 자금운용 성과 분석 · 자금운용 평가 보고서 작성 · 자금조달 방법 · 재무관리에 대한 이해 · 평가결과 보고서 작성 · 평가보고서 프레젠테이션 능력	
사전직무경험	· 자금계획수립 · 재무위험관리 · 자금조달 · 자금운용	
직무숙련기간	약 8년	

3. 채용·배치·승진 체크리스트

3.1. 채용·배치·승진체크리스트 개요

○ 개념 : 근로자를 채용하거나 배치하거나 승진시키기 위하여 각 개인이 해당 직급에서 요구되는 직업능력을 어느 정도 가지고 있는지 확인하기 위한 진단도구

○ 구성요소 : ① 목적, ② 직급명, ③ 인적사항, ④ 능력구분, ⑤ 평가영역, ⑥ 평가문항, ⑦ 답변기재란, ⑧ 평가결과로 구성

【 채용·배치·승진 체크리스트 구성요소 】

구성요소	세부내용
목적	• 평가를 실시하는 방향이나 이유로 채용, 배치, 승진이 있음
직급명	• 해당 조직에서 일의 종류나 난이도, 책임도 등의 유사성을 기준으로 구분한 등급
인적사항	• 평가하고자 하는 예비근로자 및 근로자의 성명, 직위, 성별 등과 같은 개인적 특성
능력구분	• 평가하고자 하는 직급에서 요구되는 직업능력의 구분(직업기초능력, 직무수행능력)
평가영역	• 직업기초능력과 직무수행능력의 하위영역
평가문항	• 예비근로자 및 근로자의 지식이나 활동을 측정하기 위한 측정가능하고 구체적인 문장
답변기재란	• 평가자가 평가문항을 읽고 평가대상자의 행동과 일치하는 정도에 직접 표기하는 부분
평가결과	• 기재한 답변을 합산하여 점수를 산출하고 해석

3.2. 채용·배치·승진체크리스트

목적 : ☐ 채용 ☐ 배치 ☐ 승진	차장

이   름 :

직   위 :

성   별 :

특이사항 :

[직업기초능력]

평가영역	평가문항	매우 미흡	미흡	보통	우수	매우 우수
의사소통능력	직장생활에서 필요한 문서를 읽고 내용을 이해할 수 있다.	①	②	③	④	⑤
	직장생활에서 목적과 상황에 적합한 아이디어와 정보를 전달할 수 있는 문서를 작성할 수 있다.	①	②	③	④	⑤
	다른 사람의 말을 주의 깊게 듣고 적절하게 반응할 수 있다.	①	②	③	④	⑤
	목적과 상황에 맞는 말과 비언어적 행동을 통해 아이디어와 정보를 효과적으로 전달할 수 있다.	①	②	③	④	⑤
수리능력	실제적이고 복잡한 업무 상황에서 문제를 해결하기 위해 측정도구를 설계·활용하고, 결과물을 분석해서 제시할 수 있다.	①	②	③	④	⑤
	연속적인 과제를 포함하는 업무 상황에서 사용한 수학적 사고와 기법의 효과성을 평가하고, 조사결과물을 제시할 수 있다.	①	②	③	④	⑤
	간단한 업무 상황에서 적절한 수학적 사고와 기법을 선택해서 정확한 측정을 하고, 획득한 정보를 해석할 수 있다.	①	②	③	④	⑤
문제해결능력	직장생활에서 발생한 문제를 해결하기 위해서 창의적, 논리적, 비판적으로 생각할 수 있다.	①	②	③	④	⑤
	직장생활에서 발생한 문제를 적절한 해결책을 적용하여 해결할 수 있다.	①	②	③	④	⑤
자기개발능력	자신의 부족한 점에 대한 개선책을 찾으며, 수행결과에 대한 조정과 평가를 할 수 있다.	①	②	③	④	⑤
	자신의 장점에 대한 자부심을 가지며, 수행계획을 세우고 능력을 발휘할 수 있다.	①	②	③	④	⑤
	자신에 대한 최소한의 인식을 하며, 수립된 목표를 이해할 수 있다.	①	②	③	④	⑤
자원관리능력	직장생활에서 필요한 시간을 확인하고, 확보하여 업무 수행에 이를 할당할 수 있다.	①	②	③	④	⑤
	직장생활에서 필요한 물적자원을 확인하고, 확보하여 업무 수행에 이를 할당할 수 있다.	①	②	③	④	⑤

평가 영역	평가 문항	매우 미흡	미흡	보통	우수	매우 우수
대인관계능력	직장생활에서 다른 구성원들과 목표를 공유하고 원만한 관계를 유지하며, 자신의 역할을 이해하고 책임감 있게 업무를 수행할 수 있다.	①	②	③	④	⑤
	직장생활 중 조직구성원들의 업무향상에 도움을 주며 동기화시킬 수 있고, 조직의 목표 및 비전을 제시할 수 있다.	①	②	③	④	⑤
	직장생활에서 조직구성원 사이에 갈등이 발생하였을 경우 이를 원만히 조절할 수 있다.	①	②	③	④	⑤
	직장생활에서 필요한 경우 다른 사람과 효과적으로 협상할 수 있다.	①	②	③	④	⑤
정보능력	직장생활에서 컴퓨터 관련이론을 이해하여 업무수행을 위해 인터넷과 소프트웨어를 활용할 수 있다.	①	②	③	④	⑤
	직장생활에서 필요한 정보를 찾아내고, 업무수행에 적합하게 조직·관리하여 활용할 수 있다.	①	②	③	④	⑤
기술능력	실제적이고 복잡한 업무 상황에서 다양한 기술들을 비교하여 적합한 기술을 선택, 적용하고, 향후에 필요한 새로운 기술을 확인할 수 있다.	①	②	③	④	⑤
	연속적인 과제를 포함하는 업무 상황에서 기술매뉴얼을 참고하여 필요한 기술을 선택하고, 활용에 따라 현장 적용성을 평가할 수 있다.	①	②	③	④	⑤
	간단한 업무 상황에서 상사의 지시에 따라 업무에 필요한 기술의 원리와 절차의 이해와 선택을 바탕으로 안전하게 기술을 활용할 수 있다.	①	②	③	④	⑤
조직이해능력	새로운 조직체제를 설계하고 다양한 조직의 운영을 이해하며, 국제적 상황변화를 업무에 적용할 수 있다.	①	②	③	④	⑤
	조직간의 관련성을 이해하고 역할에 따른 업무를 수행하며, 다른 나라와의 관습 및 제도의 차이를 이해할 수 있다.	①	②	③	④	⑤
	조직의 체제 및 구조, 문제점을 확인하며 다른 나라와의 문화적 차이를 이해할 수 있다.	①	②	③	④	⑤
직업윤리	근로자에게 요구되는 기본적인 윤리를 준수할 수 있다.	①	②	③	④	⑤
	공동체의 유지·발전에 필요한 기본적인 윤리를 준수할 수 있다.	①	②	③	④	⑤

[직무수행능력]

평가영역		평가문항	매우 미흡	미흡	보통	우수	매우 우수
자금계획 수립	영업활동 자금계획하기	· 사업계획에 따라 판매, 생산, 구매 등 영업활동과 관련된 항목을 분류할 수 있다.	①	②	③	④	⑤
		· 분류한 항목에 따라 영업활동과 관련된 현금흐름을 도출할 수 있다.	①	②	③	④	⑤
		· 도출된 현금흐름에 대하여 적정성을 평가할 수 있다.	①	②	③	④	⑤
		· 평가결과에 따라 자금의 현금흐름을 조정하여 영업활동 자금계획을 수립할 수 있다.	①	②	③	④	⑤
	투자활동 자금계획하기	· 사업계획에 따라 투자 목적의 자산 취득과 평가·처분 등과 관련된 항목을 분류할 수 있다.	①	②	③	④	⑤
		· 영업활동 자금계획에 따라 투자자산의 매매 여부를 결정할 수 있다.	①	②	③	④	⑤
		· 결정된 투자자산의 매매 여부에 대하여 적정성을 평가할 수 있다.	①	②	③	④	⑤
		· 평가결과에 따라 자금의 현금흐름을 조정하여 투자활동 자금계획을 수립할 수 있다.	①	②	③	④	⑤
	재무활동 자금계획하기	· 영업 및 투자활동 자금계획에 따라 적정 자금 규모를 산출할 수 있다.	①	②	③	④	⑤
		· 적정 자금에 따라 재무활동 자금계획을 수립할 수 있다.	①	②	③	④	⑤
		· 수립된 재무활동 자금계획을 기준으로 사업계획의 변경 여부를 담당부서와 협의할 수 있다.	①	②	③	④	⑤
		· 도출된 영업, 투자, 재무 활동 자금계획을 통합하여 자금계획서를 작성할 수 있다.	①	②	③	④	⑤

평가 영역		평가 문항	매우 미흡	미흡	보통	우수	매우 우수
성과 분석	실적분석하기	· 평가의 객관성을 확보하기 위하여 실적 분석 기준을 수립할 수 있다.	①	②	③	④	⑤
		· 수립된 실적분석 기준으로 계획 대비 실적을 분석할 수 있다.	①	②	③	④	⑤
		· 분석된 결과에 대하여 차이 발생 시 차이 발생 원인을 분석할 수 있다.	①	②	③	④	⑤
	평가보고하기	· 실적분석 결과와 차이원인에 따라 대응방안을 도출할 수 있다.	①	②	③	④	⑤
		· 도출된 대응방안을 반영하여 자금운용 평가보고서를 작성할 수 있다.	①	②	③	④	⑤
		· 평가보고서에 작성된 내용에 따라 자금운용 평가 결과를 보고할 수 있다.	①	②	③	④	⑤
	차기계획 반영하기	· 보고된 대응방안을 검토하여 차기 자금운용계획에 반영여부를 판단할 수 있다.	①	②	③	④	⑤
		· 반영여부에 따라 차기 자금운용계획에 대응방안을 반영할 수 있다.	①	②	③	④	⑤
		· 대응방안이 반영된 자금운용계획을 작성하여 관련 부서에 교육할 수 있다.	①	②	③	④	⑤

[평가결과]

영 역	점 수
직업기초능력	영역별 점수 합산
직무수행능력	영역별 점수 합산
합 계	점수 합계

목적 : □ 채용 □ 배치 □ 승진	과장

이 름 :

직 위 :

성 별 :

득이사항 :

[직업기초능력]

평가영역	평가문항	매우 미흡	미흡	보통	우수	매우 우수
의사소통능력	직장생활에서 필요한 문서를 읽고 내용을 이해할 수 있다.	①	②	③	④	⑤
	직장생활에서 목적과 상황에 적합한 아이디어와 정보를 전달할 수 있는 문서를 작성할 수 있다.	①	②	③	④	⑤
	다른 사람의 말을 주의 깊게 듣고 적절하게 반응할 수 있다.	①	②	③	④	⑤
	목적과 상황에 맞는 말과 비언어적 행동을 통해 아이디어와 정보를 효과적으로 전달할 수 있다.	①	②	③	④	⑤
수리능력	실제적이고 복잡한 업무 상황에서 문제를 해결하기 위해 측정도구를 설계·활용하고, 결과물을 분석해서 제시할 수 있다.	①	②	③	④	⑤
	연속적인 과제를 포함하는 업무 상황에서 사용한 수학적 사고와 기법의 효과성을 평가하고, 조사결과물을 제시할 수 있다.	①	②	③	④	⑤
	간단한 업무 상황에서 적절한 수학적 사고와 기법을 선택해서 정확한 측정을 하고, 획득한 정보를 해석할 수 있다.	①	②	③	④	⑤
문제해결능력	직장생활에서 발생한 문제를 해결하기 위해서 창의적, 논리적, 비판적으로 생각할 수 있다.	①	②	③	④	⑤
	직장생활에서 발생한 문제를 적절한 해결책을 적용하여 해결할 수 있다.	①	②	③	④	⑤
자기개발능력	자신의 부족한 점에 대한 개선책을 찾으며, 수행결과에 대한 조정과 평가를 할 수 있다.	①	②	③	④	⑤
	자신의 장점에 대한 자부심을 가지며, 수행계획을 세우고 능력을 발휘할 수 있다.	①	②	③	④	⑤
	자신에 대한 최소한의 인식을 하며, 수립된 목표를 이해할 수 있다.	①	②	③	④	⑤
자원관리능력	직장생활에서 필요한 시간을 확인하고, 확보하여 업무 수행에 이를 할당할 수 있다.	①	②	③	④	⑤
	직장생활에서 필요한 물적자원을 확인하고, 확보하여 업무 수행에 이를 할당할 수 있다.	①	②	③	④	⑤

평가영역	평가문항	매우 미흡	미흡	보통	우수	매우 우수
대인관계능력	직장생활에서 다른 구성원들과 목표를 공유하고 원만한 관계를 유지하며, 자신의 역할을 이해하고 책임감 있게 업무를 수행할 수 있다.	①	②	③	④	⑤
	직장생활 중 조직구성원들의 업무향상에 도움을 주며 동기화시킬 수 있고, 조직의 목표 및 비전을 제시할 수 있다.	①	②	③	④	⑤
	직장생활에서 조직구성원 사이에 갈등이 발생하였을 경우 이를 원만히 조절할 수 있다.	①	②	③	④	⑤
	직장생활에서 필요한 경우 다른 사람과 효과적으로 협상할 수 있다.	①	②	③	④	⑤
정보능력	직장생활에서 컴퓨터 관련이론을 이해하여 업무수행을 위해 인터넷과 소프트웨어를 활용할 수 있다.	①	②	③	④	⑤
	직장생활에서 필요한 정보를 찾아내고, 업무수행에 적합하게 조직·관리하여 활용할 수 있다.	①	②	③	④	⑤
기술능력	실제적이고 복잡한 업무 상황에서 다양한 기술들을 비교하여 적합한 기술을 선택, 적용하고, 향후에 필요한 새로운 기술을 확인할 수 있다.	①	②	③	④	⑤
	연속적인 과제를 포함하는 업무 상황에서 기술매뉴얼을 참고하여 필요한 기술을 선택하고, 활용에 따라 현장 적용성을 평가할 수 있다.	①	②	③	④	⑤
	간단한 업무 상황에서 상사의 지시에 따라 업무에 필요한 기술의 원리와 절차의 이해와 선택을 바탕으로 안전하게 기술을 활용할 수 있다.	①	②	③	④	⑤
조직이해능력	새로운 조직체제를 설계하고 다양한 조직의 운영을 이해하며, 국제적 상황변화를 업무에 적용할 수 있다.	①	②	③	④	⑤
	조직간의 관련성을 이해하고 역할에 따른 업무를 수행하며, 다른 나라와의 관습 및 제도의 차이를 이해할 수 있다.	①	②	③	④	⑤
	조직의 체제 및 구조, 문제점을 확인하며 다른 나라와의 문화적 차이를 이해할 수 있다.	①	②	③	④	⑤
직업윤리	근로자에게 요구되는 기본적인 윤리를 준수할 수 있다.	①	②	③	④	⑤
	공동체의 유지·발전에 필요한 기본적인 윤리를 준수할 수 있다.	①	②	③	④	⑤

[직무수행능력]

평가 영역		평가 문항	매우 미흡	미흡	보통	우수	매우 우수
자금조달 준비	자금조달방안 수립하기	· 자금계획에 따라 자금 시장 환경을 분석할 수 있다.	①	②	③	④	⑤
		· 시장 환경 분석 결과에 따라 조달조건에 대한 타당성을 분석할 수 있다.	①	②	③	④	⑤
		· 타당성 분석 결과에 따라 사업계획서에 부합된 조달방안을 수립할 수 있다.	①	②	③	④	⑤
	자금조달비용 산정하기	· 수립된 조달방안에 따라 자금의 원천별 조달비용을 산출할 수 있다.	①	②	③	④	⑤
		· 원천별 조달비용과 기업의 허용기준을 비교하여 조달비용의 적정성을 평가할 수 있다.	①	②	③	④	⑤
		· 평가 결과에 따라 조달비용이 최소화 될 수 있는 원천별 자금조달방법을 도출할 수 있다.	①	②	③	④	⑤
	자금조달방법 결정하기	· 도출된 원천별 자금조달방법에 대하여 자금의 유형별 자금조달방법을 분류할 수 있다.	①	②	③	④	⑤
		· 분류된 자금조달 방법을 기준으로 용도에 맞게 자금조달방법의 우선순위를 설정할 수 있다.	①	②	③	④	⑤
		· 선순위에 따라 최적의 조달방법을 결정할 수 있다.	①	②	③	④	⑤

[직무수행능력]

평가 영역		평가 문항	매우 미흡	미흡	보통	우수	매우 우수
자금조달	내부자금 조달하기	· 현금흐름을 고려하여 이익잉여금을 통해 소요 자금을 조달할 수 있다.	①	②	③	④	⑤
		· 자산 수익률을 고려하여 자산 매각 등을 통하여 소요 자금을 조달할 수 있다.	①	②	③	④	⑤
		· 대주주 등으로 부터 소요 자금을 조달할 수 있다.	①	②	③	④	⑤
	외부자금 조달하기	· 국·내외 금융시장을 통해서 소요자금을 조달할 수 있다.	①	②	③	④	⑤
		· 정부정책자금제도를 통해서 소요자금을 조달할 수 있다.	①	②	③	④	⑤
		· 지방자치단체의 자금지원제도를 통해서 소요자금을 조달할 수 있다.	①	②	③	④	⑤
		· 매출채권 등에 대한 위험을 고려하여 선수금 규모를 결정 후 소요자금을 조달할 수 있다.	①	②	③	④	⑤
		· 기업의 대내외 환경을 고려하여 국·내외 유가증권시장을 통해 소요자금을 조달할 수 있다.	①	②	③	④	⑤
	조달자금 관리하기	· 조달된 자금을 자금조달계획과 비교하여 소요자금의 과부족 규모를 산정할 수 있다.	①	②	③	④	⑤
		· 소요자금이 부족 시 추가적인 자금조달 할 수 있다.	①	②	③	④	⑤
		· 계획대비 조달자금이 초과된 경우 초과된 자금을 가용자금으로 운용할 수 있다.	①	②	③	④	⑤

[직무수행능력]

평가 영역		평가 문항	매우 미흡	미흡	보통	우수	매우 우수
재무위험 관리	위험대상 식별하기	• 자금의 조달, 운영방법에 따라 재무 위험의 종류를 파악할 수 있다.	①	②	③	④	⑤
		• 파악된 위험의 종류에 따라 위험 노출정도를 분석할 수 있다.	①	②	③	④	⑤
		• 분석된 위험 노출정도에 따라 통제 가능 여부를 판단할 수 있다.	①	②	③	④	⑤
	위험대상 대응하기	• 통제 가능한 위험요소에 대하여 관리 우선순위를 도출할 수 있다.	①	②	③	④	⑤
		• 도출된 우선순위에 따라 위험 관리 비용을 산출할 수 있다.	①	②	③	④	⑤
		• 산출된 관리비용을 기준으로 가능한 위험 관리방법을 결정할 수 있다.	①	②	③	④	⑤
		• 결정된 관리 방법에 따라 위험 통제를 위한 계획을 수립할 수 있다.	①	②	③	④	⑤
	결과 검토하기	• 계획된 위험관리 방안에 따라 위험관리의 실행 적정성을 평가할 수 있다.	①	②	③	④	⑤
		• 평가결과에 따라 위험관리계획을 보완할 수 있다.	①	②	③	④	⑤
		• 수정된 위험관리 계획을 반영하여 위험관리 방법을 개선할 수 있다.	①	②	③	④	⑤

[평가결과]

영 역	점 수
직업기초능력	영역별 점수 합산
직무수행능력	영역별 점수 합산
합 계	점수 합계

목적 : ☐ 채용 ☐ 배치 ☐ 승진	대리

이 름 :

직 위 :

성 별 :

특이사항 :

[직업기초능력]

평 가 영 역	평 가 문 항	매우 미흡	미흡	보통	우수	매우 우수
의사소통능력	직장생활에서 필요한 문서를 읽고 내용을 이해할 수 있다.	①	②	③	④	⑤
	직장생활에서 목적과 상황에 적합한 아이디어와 정보를 전달할 수 있는 문서를 작성할 수 있다.	①	②	③	④	⑤
	다른 사람의 말을 주의 깊게 듣고 적절하게 반응할 수 있다.	①	②	③	④	⑤
	목적과 상황에 맞는 말과 비언어적 행동을 통해 아이디어와 정보를 효과적으로 전달할 수 있다.	①	②	③	④	⑤
수리능력	실제적이고 복잡한 업무 상황에서 문제를 해결하기 위해 측정도구를 설계·활용하고, 결과물을 분석해서 제시할 수 있다.	①	②	③	④	⑤
	연속적인 과제를 포함하는 업무 상황에서 사용한 수학적 사고와 기법의 효과성을 평가하고, 조사결과물을 제시할 수 있다.	①	②	③	④	⑤
	간단한 업무 상황에서 적절한 수학적 사고와 기법을 선택해서 정확한 측정을 하고, 획득한 정보를 해석할 수 있다.	①	②	③	④	⑤
문제해결능력	직장생활에서 발생한 문제를 해결하기 위해서 창의적, 논리적, 비판적으로 생각할 수 있다.	①	②	③	④	⑤
	직장생활에서 발생한 문제를 적절한 해결책을 적용하여 해결할 수 있다.	①	②	③	④	⑤
자기개발능력	자신의 부족한 점에 대한 개선책을 찾으며, 수행결과에 대한 조정과 평가를 할 수 있다.	①	②	③	④	⑤
	자신의 장점에 대한 자부심을 가지며, 수행계획을 세우고 능력을 발휘할 수 있다.	①	②	③	④	⑤
	자신에 대한 최소한의 인식을 하며, 수립된 목표를 이해할 수 있다.	①	②	③	④	⑤
자원관리능력	직장생활에서 필요한 시간을 확인하고, 확보하여 업무 수행에 이를 할당할 수 있다.	①	②	③	④	⑤
	직장생활에서 필요한 물적자원을 확인하고, 확보하여 업무 수행에 이를 할당할 수 있다.	①	②	③	④	⑤

평가영역	평가문항	매우 미흡	미흡	보통	우수	매우 우수
대인관계능력	직장생활에서 다른 구성원들과 목표를 공유하고 원만한 관계를 유지하며, 자신의 역할을 이해하고 책임감 있게 업무를 수행할 수 있다.	①	②	③	④	⑤
	직장생활 중 조직구성원들의 업무향상에 도움을 주며 동기화시킬 수 있고, 조직의 목표 및 비전을 제시할 수 있다.	①	②	③	④	⑤
	직장생활에서 조직구성원 사이에 갈등이 발생하였을 경우 이를 원만히 조절할 수 있다.	①	②	③	④	⑤
	직장생활에서 필요한 경우 다른 사람과 효과적으로 협상할 수 있다.	①	②	③	④	⑤
정보능력	직장생활에서 컴퓨터 관련이론을 이해하여 업무수행을 위해 인터넷과 소프트웨어를 활용할 수 있다.	①	②	③	④	⑤
	직장생활에서 필요한 정보를 찾아내고, 업무수행에 적합하게 조직·관리하여 활용할 수 있다.	①	②	③	④	⑤
기술능력	실제적이고 복잡한 업무 상황에서 다양한 기술들을 비교하여 적합한 기술을 선택, 적용하고, 향후에 필요한 새로운 기술을 확인할 수 있다.	①	②	③	④	⑤
	연속적인 과제를 포함하는 업무 상황에서 기술매뉴얼을 참고하여 필요한 기술을 선택하고, 활용에 따라 현장 적용성을 평가할 수 있다.	①	②	③	④	⑤
	간단한 업무 상황에서 상사의 지시에 따라 업무에 필요한 기술의 원리와 절차의 이해와 선택을 바탕으로 안전하게 기술을 활용할 수 있다.	①	②	③	④	⑤
조직이해능력	새로운 조직체제를 설계하고 다양한 조직의 운영을 이해하며, 국제적 상황변화를 업무에 적용할 수 있다.	①	②	③	④	⑤
	조직간의 관련성을 이해하고 역할에 따른 업무를 수행하며, 다른 나라와의 관습 및 제도의 차이를 이해할 수 있다.	①	②	③	④	⑤
	조직의 체제 및 구조, 문제점을 확인하며 다른 나라와의 문화적 차이를 이해할 수 있다.	①	②	③	④	⑤
직업윤리	근로자에게 요구되는 기본적인 윤리를 준수할 수 있다.	①	②	③	④	⑤
	공동체의 유지·발전에 필요한 기본적인 윤리를 준수할 수 있다.	①	②	③	④	⑤

[직무수행능력]

평가 영역		평가 문항	매우 미흡	미흡	보통	우수	매우 우수
자금운용	가용자금 파악하기	· 조달된 자금에 따라 자금운용의 실행여부를 재검토할 수 있다.	①	②	③	④	⑤
		· 실행이 결정된 자금에 대하여 기간별 소요자금을 산출할 수 있다.	①	②	③	④	⑤
		· 산출된 소요자금을 고려하여 여유자금을 파악할 수 있다.	①	②	③	④	⑤
	자금운용방안 수립하기	· 파악된 여유자금에 따라 장·단기 자금운용 기준을 수립할 수 있다.	①	②	③	④	⑤
		· 수립된 여유자금의 운용기준에 따라 장·단기 자금운영계획을 수립할 수 있다.	①	②	③	④	⑤
		· 수립된 장·단기 자금운용계획에 따라 자금운영 일정표를 작성할 수 있다.	①	②	③	④	⑤
	자금집행하기	· 자금운용 일정표에 따라 지불 방법을 결정할 수 있다.	①	②	③	④	⑤
		· 결정된 지불 방법에 따라 자금을 집행할 수 있다.	①	②	③	④	⑤
		· 집행된 자금에 대하여 결과를 확인할 수 있다.	①	②	③	④	⑤
		· 집행 결과 확인 후 발생된 문제점을 해결할 수 있다.	①	②	③	④	⑤

[평가결과]

영 역	점 수
직업기초능력	영역별 점수 합산
직무수행능력	영역별 점수 합산
합 계	점수 합계

목적 : ☐ 채용 ☐ 배치 ☐ 승진	사원

이　름 :

직　위 :

성　별 :

특이사항 :

[직업기초능력]

평 가 영 역	평 가 문 항	매우 미흡	미흡	보통	우수	매우 우수
의사소통능력	직장생활에서 필요한 문서를 읽고 내용을 이해할 수 있다.	①	②	③	④	⑤
	직장생활에서 목적과 상황에 적합한 아이디어와 정보를 전달할 수 있는 문서를 작성할 수 있다.	①	②	③	④	⑤
	다른 사람의 말을 주의 깊게 듣고 적절하게 반응할 수 있다.	①	②	③	④	⑤
	목적과 상황에 맞는 말과 비언어적 행동을 통해 아이디어와 정보를 효과적으로 전달할 수 있다.	①	②	③	④	⑤
수리능력	실제적이고 복잡한 업무 상황에서 문제를 해결하기 위해 측정도구를 설계·활용하고, 결과물을 분석해서 제시할 수 있다.	①	②	③	④	⑤
	연속적인 과제를 포함하는 업무 상황에서 사용한 수학적 사고와 기법의 효과성을 평가하고, 조사결과물을 제시할 수 있다.	①	②	③	④	⑤
	간단한 업무 상황에서 적절한 수학적 사고와 기법을 선택해서 정확한 측정을 하고, 획득한 정보를 해석할 수 있다.	①	②	③	④	⑤
문제해결능력	직장생활에서 발생한 문제를 해결하기 위해서 창의적, 논리적, 비판적으로 생각할 수 있다.	①	②	③	④	⑤
	직장생활에서 발생한 문제를 적절한 해결책을 적용하여 해결할 수 있다.	①	②	③	④	⑤
자기개발능력	자신의 부족한 점에 대한 개선책을 찾으며, 수행결과에 대한 조정과 평가를 할 수 있다.	①	②	③	④	⑤
	자신의 장점에 대한 자부심을 가지며, 수행계획을 세우고 능력을 발휘할 수 있다.	①	②	③	④	⑤
	자신에 대한 최소한의 인식을 하며, 수립된 목표를 이해할 수 있다.	①	②	③	④	⑤
자원관리능력	직장생활에서 필요한 시간을 확인하고, 확보하여 업무 수행에 이를 할당할 수 있다.	①	②	③	④	⑤
	직장생활에서 필요한 물적자원을 확인하고, 확보하여 업무 수행에 이를 할당할 수 있다.	①	②	③	④	⑤

평가 영역	평가 문항	매우 미흡	미흡	보통	우수	매우 우수
대인관계능력	직장생활에서 다른 구성원들과 목표를 공유하고 원만한 관계를 유지하며, 자신의 역할을 이해하고 책임감 있게 업무를 수행할 수 있다.	①	②	③	④	⑤
	직장생활 중 조직구성원들의 업무향상에 도움을 주며 동기화시킬 수 있고, 조직의 목표 및 비전을 제시할 수 있다.	①	②	③	④	⑤
	직장생활에서 조직구성원 사이에 갈등이 발생하였을 경우 이를 원만히 조절할 수 있다.	①	②	③	④	⑤
	직장생활에서 필요한 경우 다른 사람과 효과적으로 협상할 수 있다.	①	②	③	④	⑤
정보능력	직장생활에서 컴퓨터 관련이론을 이해하여 업무수행을 위해 인터넷과 소프트웨어를 활용할 수 있다.	①	②	③	④	⑤
	직장생활에서 필요한 정보를 찾아내고, 업무수행에 적합하게 조직·관리하여 활용할 수 있다.	①	②	③	④	⑤
기술능력	실제적이고 복잡한 업무 상황에서 다양한 기술들을 비교하여 적합한 기술을 선택, 적용하고, 향후에 필요한 새로운 기술을 확인할 수 있다.	①	②	③	④	⑤
	연속적인 과제를 포함하는 업무 상황에서 기술매뉴얼을 참고하여 필요한 기술을 선택하고, 활용에 따라 현장 적용성을 평가할 수 있다.	①	②	③	④	⑤
	간단한 업무 상황에서 상사의 지시에 따라 업무에 필요한 기술의 원리와 절차의 이해와 선택을 바탕으로 안전하게 기술을 활용할 수 있다.	①	②	③	④	⑤
조직이해능력	새로운 조직체제를 설계하고 다양한 조직의 운영을 이해하며, 국제적 상황변화를 업무에 적용할 수 있다.	①	②	③	④	⑤
	조직간의 관련성을 이해하고 역할에 따른 업무를 수행하며, 다른 나라와의 관습 및 제도의 차이를 이해할 수 있다.	①	②	③	④	⑤
	조직의 체제 및 구조, 문제점을 확인하며 다른 나라와의 문화적 차이를 이해할 수 있다.	①	②	③	④	⑤
직업윤리	근로자에게 요구되는 기본적인 윤리를 준수할 수 있다.	①	②	③	④	⑤
	공동체의 유지·발전에 필요한 기본적인 윤리를 준수할 수 있다.	①	②	③	④	⑤

[직무수행능력]

평가 영역		평가 문항	매우 미흡	미흡	보통	우수	매우 우수
자금정보 제공	공시하기	· 자본시장과 금융투자업에 관한 법률에 따라 공시규정의 변경사항을 파악할 수 있다.	①	②	③	④	⑤
		· 공시 규정에 따라 공시에 필요한 정보를 해당부서에 요청하여 취합할 수 있다.	①	②	③	④	⑤
		· 취합된 재무정보를 활용하여 공시 서류를 작성할 수 있다.	①	②	③	④	⑤
		· 공시 기한 및 방법에 따라 정보를 공시할 수 있다.	①	②	③	④	⑤
		· 공시 정보의 변경 또는 오류 발생 시 정정 공시할 수 있다.	①	②	③	④	⑤
	재무정보 산출하기	· 공시규정에 따라 재무정보 항목을 파악할 수 있다.	①	②	③	④	⑤
		· 재무제표를 근거로 하여 항목별 재무자료를 추출할 수 있다.	①	②	③	④	⑤
		· 추출된 재무자료를 이용하여 항목별 재무정보를 산출할 수 있다.	①	②	③	④	⑤
	투자정보 지원하기	· 투자자 관리를 위하여 투자자의 요구 정보를 파악할 수 있다.	①	②	③	④	⑤
		· 투자자의 요구에 따라 투자 관련 정보를 제공할 수 있다.	①	②	③	④	⑤
		· 투자자의 추가 정보 요청 시 관련 내용을 제공할 수 있다.	①	②	③	④	⑤

[평가결과]

영 역	점 수
직업기초능력	<u>영역별 점수 합산</u>
직무수행능력	<u>영역별 점수 합산</u>
합 계	<u>점수 합계</u>

4. 자가진단도구

4.1. 자가진단도구 개요

○ 개념 : 업무를 성공적으로 수행하는데 요구되는 능력과 근로자 자신의 보유 능력을 비교·점검해 볼 수 있는 도구

○ 구성요소 : ① 번호체계, ② 진단항목, ③ 지시문, ④ 진단영역, ⑤ 진단문항, ⑥ 답변기재란, ⑦ 진단결과로 구성

【 자가진단도구의 구성요소 】

구성요소	세부내용
번호체계	• 직업능력 자가진단도구를 분류하기 위하여 직업능력별로 부여된 번호
진단항목	• 진단하고자 하는 직업능력명
지시문	• 진단문항을 읽고 답변을 기재하는 방법에 대한 안내문
진단영역	• 진단하고자 하는 직업능력을 구성하는 하위영역과 세부영역
진단문항	• 근로자(응답자)의 지식이나 활동을 측정하기 위한 측정가능하고 구체적인 문장
답변기재란	• 근로자(응답자)가 진단문항을 읽고 자신의 상황이나 생각과 일치하는 정도에 직접 표기하는 부분
진단결과	• 기재한 답변을 합산하여 점수를 산출하고 해석

| 0203010201_14v2 | | 자금계획수립 |

진단영역	진 단 문 항	매우 미흡	미흡	보통	우수	매우 우수
영업활동 자금계획 하기	1. 나는 사업계획에 따라 판매, 생산, 구매 등 영업활동과 관련된 항목을 분류할 수 있다.	①	②	③	④	⑤
	2. 나는 분류한 항목에 따라 영업활동과 관련된 현금흐름을 도출할 수 있다.	①	②	③	④	⑤
	3. 나는 도출된 현금흐름에 대하여 적정성을 평가할 수 있다.	①	②	③	④	⑤
	4. 나는 평가결과에 따라 자금의 현금흐름을 조정하여 영업활동 자금계획을 수립할 수 있다.	①	②	③	④	⑤
투자활동 자금계획 하기	1. 나는 사업계획에 따라 투자 목적의 자산 취득과 평가·처분 등과 관련된 항목을 분류할 수 있다.	①	②	③	④	⑤
	2. 나는 영업활동 자금계획에 따라 투자자산의 매매 여부를 결정할 수 있다.	①	②	③	④	⑤
	3. 나는 결정된 투자자산의 매매 여부에 대하여 적정성을 평가할 수 있다.	①	②	③	④	⑤
	4. 나는 평가결과에 따라 자금의 현금흐름을 조정하여 투자활동 자금계획을 수립할 수 있다.	①	②	③	④	⑤
재무활동 자금계획 하기	1. 나는 영업 및 투자활동 자금계획에 따라 적정 자금 규모를 산출할 수 있다.	①	②	③	④	⑤
	2. 나는 적정 자금에 따라 재무활동 자금계획을 수립할 수 있다.	①	②	③	④	⑤
	3. 나는 수립된 재무활동 자금계획을 기준으로 사업계획의 변경 여부를 담당부서와 협의할 수 있다.	①	②	③	④	⑤
	4. 나는 도출된 영업, 투자, 재무 활동 자금계획을 통합하여 자금계획서를 작성할 수 있다.	①	②	③	④	⑤

[진단결과]

진단영역	문항 수	점 수	점수 ÷ 문항 수
영업활동 자금계획 하기	4		
투자활동 자금계획하기	4		
재무활동 자금계획하기	4		
합 계	12		

☞ 자신의 점수를 문항 수로 나눈 값이 '3점' 이하에 해당하는 영역은 업무를 성공적으로 수행하는데 요구는 능력이 부족한 것으로 교육훈련이나 개인학습을 통한 개발이 필요함.

| 0203010202_14v2 | | 자금조달준비 |

진단영역	진단문항	매우 미흡	미흡	보통	우수	매우 우수
자금조달방안 수립하기	1. 나는 자금계획에 따라 자금 시장 환경을 분석할 수 있다.	①	②	③	④	⑤
	2. 나는 시장 환경 분석 결과에 따라 조달조건에 대한 타당성을 분석할 수 있다.	①	②	③	④	⑤
	3. 나는 타당성 분석 결과에 따라 사업계획서에 부합된 조달방안을 수립할 수 있다.	①	②	③	④	⑤
자금조달비용 산정하기	1. 나는 수립된 조달방안에 따라 자금의 원천별 조달비용을 산출할 수 있다.	①	②	③	④	⑤
	2. 나는 원천별 조달비용과 기업의 허용기준을 비교하여 조달비용의 적정성을 평가할 수 있다.	①	②	③	④	⑤
	3. 나는 평가 결과에 따라 조달비용이 최소화 될 수 있는 원천별 자금조달방법을 도출할 수 있다.	①	②	③	④	⑤
자금조달방법 결정하기	1. 나는 도출된 원천별 자금조달방법에 대하여 자금의 유형별 자금조달방법을 분류할 수 있다.	①	②	③	④	⑤
	2. 나는 분류된 자금조달 방법을 기준으로 용도에 맞게 자금조달방법의 우선순위를 설정할 수 있다.	①	②	③	④	⑤
	3. 나는 선순위에 따라 최적의 조달방법을 결정할 수 있다.	①	②	③	④	⑤

[진단결과]

진단영역	문항 수	점수	점수 ÷ 문항 수
자금조달방안 수립하기	3		
자금조달비용 산정하기	3		
자금조달방법 결정하기	3		
합계	9		

☞ 자신의 점수를 문항 수로 나눈 값이 '3점' 이하에 해당하는 영역은 업무를 성공적으로 수행하는데 요구는 능력이 부족한 것으로 교육훈련이나 개인학습을 통한 개발이 필요함.

| 0203010203_14v2 | | 자금조달 |

진단영역	진단문항	매우 미흡	미흡	보통	우수	매우 우수
내부자금 조달하기	1. 나는 현금흐름을 고려하여 이익잉여금을 통해 소요 자금을 조달할 수 있다.	①	②	③	④	⑤
	2. 나는 자산 수익률을 고려하여 자산 매각 등을 통하여 소요 자금을 조달할 수 있다.	①	②	③	④	⑤
	3. 나는 대주주 등으로 부터 소요 자금을 조달할 수 있다.	①	②	③	④	⑤
외부자금 조달하기	1. 나는 국·내외 금융시장을 통해서 소요자금을 조달할 수 있다.	①	②	③	④	⑤
	2. 나는 정부정책자금제도를 통해서 소요자금을 조달할 수 있다.	①	②	③	④	⑤
	3. 나는 지방자치단체의 자금지원제도를 통해서 소요자금을 조달할 수 있다.	①	②	③	④	⑤
	4. 나는 매출채권 등에 대한 위험을 고려하여 선수금 규모를 결정 후 소요자금을 조달할 수 있다.	①	②	③	④	⑤
	5. 나는 기업의 대내외 환경을 고려하여 국·내외 유가증권시장을 통해 소요 자금을 조달할 수 있다.	①	②	③	④	⑤
조달자금 관리하기	1. 나는 조달된 자금을 자금조달계획과 비교하여 소요자금의 과부족 규모를 산정할 수 있다.	①	②	③	④	⑤
	2. 나는 소요자금이 부족 시 추가적인 자금조달할 수 있다.	①	②	③	④	⑤
	3. 나는 계획대비 조달자금이 초과된 경우 초과된 자금을 가용자금으로 운용할 수 있다.	①	②	③	④	⑤

[진단결과]

진단영역	문항 수	점 수	점수 ÷ 문항 수
내부자금 조달하기	3		
외부자금 조달하기	5		
조달자금 관리하기	3		
합 계	11		

☞ 자신의 점수를 문항 수로 나눈 값이 '3점' 이하에 해당하는 영역은 업무를 성공적으로 수행하는데 요구는 능력이 부족한 것으로 교육훈련이나 개인학습을 통한 개발이 필요함.

| 0203010204_14v2 | | 자금운용 |

진단영역	진 단 문 항	매우 미흡	미흡	보통	우수	매우 우수
가용자금 파악하기	1. 나는 조달된 자금에 따라 자금운용의 실행여부를 재검토할 수 있다.	①	②	③	④	⑤
	2. 나는 실행이 결정된 자금에 대하여 기간별 소요자금을 산출할 수 있다.	①	②	③	④	⑤
	3. 나는 산출된 소요자금을 고려하여 여유자금을 파악할 수 있다.	①	②	③	④	⑤
자금운용방 안 수립하기	1.나는 파악된 여유자금에 따라 장·단기 자금운용 기준을 수립할 수 있다.	①	②	③	④	⑤
	2.나는 수립된 여유자금의 운용기준에 따라 장·단기 자금운영 계획을 수립할 수 있다.	①	②	③	④	⑤
	3.나는 수립된 장·단기 자금운용계획에 따라 자금운영 일정표를 작성할 수 있다.	①	②	③	④	⑤
자금집행 하기	1.나는 자금운용 일정표에 따라 지불 방법을 결정할 수 있다.	①	②	③	④	⑤
	2.나는 결정된 지불 방법에 따라 자금을 집행할 수 있다.	①	②	③	④	⑤
	3.나는 집행된 자금에 대하여 결과를 확인할 수 있다.	①	②	③	④	⑤
	4.나는 집행 결과 확인 후 발생된 문제점을 해결할 수 있다.	①	②	③	④	⑤

[진단결과]

진단영역	문항 수	점 수	점수 ÷ 문항 수
가용자금파악하기	3		
자금운용방안 수립하기	3		
자금집행하기	4		
합 계	10		

☞ 자신의 점수를 문항 수로 나눈 값이 '3점'이하에 해당하는 영역은 업무를 성공적으로 수행하는데 요구는 능력이 부족한 것으로 교육훈련이나 개인학습을 통한 개발이 필요함.

| 0203010205_14v2 | | 자금정보제공 |

진단영역	진 단 문 항	매우 미흡	미흡	보통	우수	매우 우수
공시하기	1. 나는 자본시장과 금융투자업에 관한 법률에 따라 공시규정의 변경사항을 파악할 수 있다.	①	②	③	④	⑤
	2. 나는 공시 규정에 따라 공시에 필요한 정보를 해당부서에 요청하여 취합할 수 있다.	①	②	③	④	⑤
	3. 나는 취합된 재무정보를 활용하여 공시 서류를 작성할 수 있다	①	②	③	④	⑤
	4. 나는 공시 기한 및 방법에 따라 정보를 공시할 수 있다	①	②	③	④	⑤
	5. 나는 공시 정보의 변경 또는 오류 발생 시 정정 공시할 수 있다.	①	②	③	④	⑤
재무정보 산출하기	1.나는 공시규정에 따라 재무정보 항목을 파악할 수 있다.	①	②	③	④	⑤
	2.나는 재무제표를 근거로 하여 항목별 재무자료를 추출할 수 있다.	①	②	③	④	⑤
	3.나는 추출된 재무자료를 이용하여 항목별 재무정보를 산출할 수 있다.	①	②	③	④	⑤
투자정보 지원하기	1.나는 투자자 관리를 위하여 투자자의 요구 정보를 파악할 수 있다.	①	②	③	④	⑤
	2.나는 투자자의 요구에 따라 투자 관련 정보를 제공할 수 있다.	①	②	③	④	⑤
	3.나는 투자자의 추가 정보 요청 시 관련 내용을 제공할 수 있다.	①	②	③	④	⑤

[진단결과]

진단영역	문항 수	점 수	점수 ÷ 문항 수
공시하기	5		
재무정보 산출하기	3		
투자정보 지원하기	3		
합 계	11		

☞ 자신의 점수를 문항 수로 나눈 값이 '3점' 이하에 해당하는 영역은 업무를 성공적으로 수행하는데 요구는 능력이 부족한 것으로 교육훈련이나 개인학습을 통한 개발이 필요함.

| 0203010206_14v2 | | 재무위험관리 |

진단영역	진 단 문 항	매우 미흡	미흡	보통	우수	매우 우수
위험대상 식별하기	1. 나는 자금의 조달, 운영방법에 따라 재무 위험의 종류를 파악할 수 있다.	①	②	③	④	⑤
	2. 나는 파악된 위험의 종류에 따라 위험 노출정도를 분석할 수 있다.	①	②	③	④	⑤
	3. 나는 분석된 위험 노출정도에 따라 통제 가능 여부를 판단할 수 있다.	①	②	③	④	⑤
위험대상 대응하기	1. 나는 통제 가능한 위험요소에 대하여 관리 우선순위를 도출할 수 있다.	①	②	③	④	⑤
	2. 나는 도출된 우선순위에 따라 위험 관리 비용을 산출할 수 있다.	①	②	③	④	⑤
	3. 나는 산출된 관리비용을 기준으로 가능한 위험 관리방법을 결정할 수 있다.	①	②	③	④	⑤
	4. 나는 결정된 관리 방법에 따라 위험 통제를 위한 계획을 수립할 수 있다.	①	②	③	④	⑤
결과 검토하기	1. 나는 계획된 위험관리 방안에 따라 위험관리의 실행 적정성을 평가할 수 있다.	①	②	③	④	⑤
	2. 나는 평가결과에 따라 위험관리계획을 보완할 수 있다.	①	②	③	④	⑤
	3. 나는 수정된 위험관리 계획을 반영하여 위험관리 방법을 개선할 수 있다.	①	②	③	④	⑤

[진단결과]

진단영역	문항 수	점 수	점수 ÷ 문항 수
위험대상 식별하기	3		
위험대상 대응하기	4		
결과 검토하기	3		
합 계	10		

☞ 자신의 점수를 문항 수로 나눈 값이 '3점' 이하에 해당하는 영역은 업무를 성공적으로 수행하는데 요구는 능력이 부족한 것으로 교육훈련이나 개인학습을 통한 개발이 필요함.

| 0203010207_14v2 | | 성 과 분 석 |

진단영역	진 단 문 항	매우 미흡	미흡	보통	우수	매우 우수
실적분석 하기	1. 나는 평가의 객관성을 확보하기 위하여 실적 분석 기준을 수립할 수 있다.	①	②	③	④	⑤
	2. 나는 수립된 실적분석 기준으로 계획 대비 실적을 분석할 수 있다.	①	②	③	④	⑤
	3. 나는 분석된 결과에 대하여 차이 발생 시 차이 발생 원인을 분석할 수 있다.	①	②	③	④	⑤
평가보고 하기	1. 나는 실적분석 결과와 차이원인에 따라 대응방안을 도출할 수 있다.	①	②	③	④	⑤
	2. 나는 도출된 대응방안을 반영하여 자금운용 평가보고서를 작성할 수 있다.	①	②	③	④	⑤
	3. 나는 평가보고서에 작성된 내용에 따라 자금운용 평가 결과를 보고할 수 있다.	①	②	③	④	⑤
차기계획 반영하기	1. 나는 보고된 대응방안을 검토하여 차기 자금운용계획에 반영여부를 판단할 수 있다.	①	②	③	④	⑤
	2. 나는 반영여부에 따라 차기 자금운용계획에 대응방안을 반영할 수 있다.	①	②	③	④	⑤
	3. 나는 대응방안이 반영된 자금운용계획을 작성하여 관련 부서에 교육할 수 있다.	①	②	③	④	⑤

[진단결과]

진단영역	문항 수	점 수	점수 ÷ 문항 수
실적분석하기	3		
평가보고하기	3		
차기계획 반영하기	3		
합 계	9		

☞ 자신의 점수를 문항 수로 나눈 값이 '3점' 이하에 해당하는 영역은 업무를 성공적으로 수행하는데 요구는 능력이 부족한 것으로 교육훈련이나 개인학습을 통한 개발이 필요함.

2 훈련기준

□ 개발목적
  ○ 체계적이고 효과적인 직업능력개발을 위하여 훈련의 대상이 되는 직종별로 훈련의 목표, 교과내용 및 시설·장비와 교사 등에 관한 훈련기준 개발(근로자 직업능력개발법 제38조)
    * 내용구성 : 훈련의 목표, 교과목 및 그 내용, 시설 및 장비, 훈련기간 및 훈련시간, 훈련방법, 훈련교사, 적용기간

□ 활용대상
  ○ 「근로자 직업능력개발법」에 따른 직업능력개발 훈련
  ○ 기타 직업교육훈련

□ 활용(예시)
  ○ 국가직무능력표준에 따라 제시한 능력단위별 훈련기준을 조합하여 훈련기준으로 활용

<방법 1> 훈련이수체계도에서 제시한 훈련과정/과목으로 편성

<자동차차체정비 훈련 예시>

훈련수준	훈련모듈		구분
	표준 직무	명칭	
1수준(정비사)	자동차차체정비	단품교환	필수
		방음방첨작업	

<방법 2> 훈련이수체계도에서 제시한 훈련과정/과목(필수)과 다른 직종의 훈련과정/과목(선택)으로 편성

자격종목	훈련모듈		구분
	표준직무	명칭	
1수준(정비사)	자동차차체정비	단품교환	필수
		방음방첨작업	
	자동차도장	건조작업	선택
		구도막제거작업	

1.1. 훈련기준

I. 개 요

1. 직 종 명 : 자금

2. 직종 정의 : 자금은 예산계획에 따라 기업의 영업, 투자, 재무 활동을 수행할 수 있도록 필요 자금의 계획 수립, 조달, 운용을 하고 발생 가능한 위험 관리 및 성과를 평가하는 일이다.

3. 훈련이수체계(수준별 이수 과정/과목)

수준\직종	예산	자금
6수준	예산위험관리	성과분석 / 자금계획수립
5수준	연간종합예산수립	재무위험관리 / 자금조달 / 자금조달 준비
4수준	예산편성지침수립 / 부문예산 수립 / 예산실적관리	자금운용
3수준	추정재무제표작성 / 확정예산운영	자금정보제공
- 수준	직업기초능력	

※ 해당직종(음영)의 훈련과정을 편성하는 경우 훈련과정별 목표에 부합한 수준으로 해당 직종에서 제시한 능력단위를 기준으로 과정/과목을 편성하고, 이외 직종의 능력단위를 훈련과정에 추가 편성하려는 경우 유사 직종의 동일 수준의 능력단위를 추가할 수 있음

4. 훈련시설

시설명\훈련인원	기준인원	면 적	기준인원 초과 시 면적 적용	시 설 활용구분(공용/전용)
강 의 실	30명	60㎡	1명당 1.2㎡씩 추가(기준인원 면적의 1/30)	공 용
컴퓨터실	30명	60㎡	1명당 1.2㎡씩 추가(기준인원 면적의 1/30)	전 용

※ 훈련시설은 훈련과정/과목에 필요한 시설을 구축

5. 교 사
   ○ 「근로자직업능력 개발법」 제33조와 관련 규정에 따름

Ⅱ. 훈련과정

○ 과정/과목명 : 직업기초능력

- 훈련개요

훈련목표	직업인으로서 갖추어야할 기본적인 소양을 함양
수 준	-
최소훈련시간	훈련과정 편성 시 전체 훈련시간의 10%이하로 자율편성
훈련가능시설	강의실 또는 컴퓨터실
권장훈련방법	집체 훈련

- 편성내용

단 원 명	학 습 내 용
의사소통능력	업무를 수행함에 있어 글과 말을 읽고 들음으로써 다른 사람이 뜻한 바를 파악하고, 자기가 뜻한 바를 글과 말을 통해 정확하게 쓰거나 말하는 능력함양
수리능력	업무를 수행함에 있어 사칙연산, 통계, 확률의 의미를 정확하게 이해하고 이를 업무에 적용하는 능력함양
문제해결능력	업무를 수행함에 있어 문제 상황이 발생하였을 경우, 창조적이고 논리적인 사고를 통하여 이를 올바르게 인식하고 적절히 해결하는 능력함양
자기개발능력	업무를 추진하는데 스스로를 관리하고 개발하는 능력함양
자원관리능력	업무를 수행하는데 시간, 자본, 재료 및 시설, 인적자원 등의 자원 가운데 무엇이 얼마나 필요한지를 확인하고, 이용 가능한 자원을 최대한 수집하여 실제 업무에 어떻게 활용할 것인지를 계획하고, 계획대로 업무 수행에 이를 할당하는 능력
대인관계능력	업무를 수행하는데 있어 접촉하게 되는 사람들과 문제를 일으키지 않고 원만하게 지내는 능력
정보능력	업무와 관련된 정보를 수집하고, 이를 분석하여 의미 있는 정보를 찾아내며, 의미 있는 정보를 업무수행에 적절하도록 조직하고, 조직된 정보를 관리하며, 업무 수행에 이러한 정보를 활용하고, 이러한 제 과정에 컴퓨터를 사용하는 능력함양
기술능력	업무를 수행함에 있어 도구, 장치 등을 포함하여 필요한 기술에는 어떠한 것들이 있는지 이해하고, 실제로 업무를 수행함에 있어 적절한 기술을 선택하여, 적용하는 능력함양
조직이해능력	업무를 원활하게 수행하기 위해 국제적인 추세를 포함하여 조직의 체제와 경영에 대해 이해하는 능력함양
직업윤리	업무를 수행함에 있어 원만한 직업생활을 위해 필요한 태도, 매너, 올바른 직업관 함양

○ 과정/과목명 : 0203010201_14v2 자금계획수립

- 훈련개요

훈련목표	기업 경영에 필요한 영업, 투자, 재무활동을 수행하기 위하여 자금의 조달과 운용 계획을 수립하는 능력을 함양
수 준	6
최소훈련시간	24시간
훈련가능시설	강의실, 컴퓨터실
권장훈련방법	집체훈련

- 편성내용

단 원 명 (능력단위 요소명)	훈 련 내 용 (수행준거)	평가시 고려사항
영업활동 자금계획하기	1.1 사업계획에 따라 판매, 생산, 구매 등 영업활동과 관련된 항목을 분류할 수 있다. 1.2 분류한 항목에 따라 영업활동과 관련된 현금흐름을 도출할 수 있다. 1.3 도출된 현금흐름에 대하여 적정성을 평가할 수 있다. 1.4 평가결과에 따라 자금의 현금흐름을 조정하여 영업활동 자금계획을 수립할 수 있다.	-평가자는 다음의 사항을 평가해야 한다. • 판매, 생산, 구매 등 영업활동과 관련 된 항목을 분류하여 영업활동과 관련 된 현금흐름을 도출할 수 있는 역량 보유 여부 • 현금흐름에 대한 적정성을 평가하여 적정하게 조정된 영업활동 자금계획을 수립할 수 있는 역량 보유 여부 • 투자 목적의 자산 취득과 평가·처분 등과 관련된 항목을 이해하고 영업활동 자금계획에 따라 투자자산의 매매 여부를 결할 수 있는 역량 보유 여부 • 투자자산의 매매 여부의 적정성을 평 가하여 적정하게 조정된 투자활동 자금계획을 수립할 수 있는 역량 보유 여부 • 영업, 투자, 재무 활동 자금계획을 통합한 자금계획서를 작성할 수 있는 역량 보유 여부
투자활동 자금 계획하기	2.1 사업계획에 따라 투자 목적의 자산 취득과 평가·처분 등과 관련된 항목을 분류할 수 있다. 2.2 영업활동 자금계획에 따라 투자자산의 매매 여부를 결정할 수 있다. 2.3 결정된 투자자산의 매매 여부에 대하여 적정성을 평가할 수 있다. 2.4 평가결과에 따라 자금의 현금흐름을 조정하여 투자활동 자금계획을 수립할 수 있다.	
재무활동 자금계획하기	3.1 영업 및 투자활동 자금계획에 따라 적정 자금 규모를 산출할 수 있다. 3.2 적정 자금에 따라 재무활동 자금계획을 수립할 수 있다. 3.3 수립된 재무활동 자금계획을 기준으로 사업계획의 변경 여부를 담당부서와 협의할 수 있다. 3.4 도출된 영업, 투자, 재무 활동 자금계획을 통합하여 자금계획서를 작성할 수 있다.	

- 지식 · 기술 · 태도

구 분	주 요 내 용
지 식	• 영업활동 필요자금에 대한 회계적 지식 • 영업활동과 관련된 재무제표 지식 • 현금흐름 적정성 평가 • 재무 분석 • 투자활동의 개념 • 특별부가세 • 화폐의 시간가치의 개념 • 투자활동 필요자금에 대한 회계적 지식 • 투자활동과 관련된 재무제표 이해 • 투자대상 경제성 분석 • 재무활동의 개념 • 법인세법 • 유가증권 상장 규정 관련 법규
기 술	• 현금흐름 적정성 분석 능력 • 스프레드시트 함수 활용기술 • 투자대상의 가치평가 기술 • 자금계획서 작성 기술
태 도	• 자금운용을 위한 경영자적 자세 • 자금운용결과를 객관적인 분석 의지 • 자금운용 개선을 위한 적극적 자세 • 대안마련을 위한 적극적 자세 • 자금운용을 위한 경영자적 자세 • 원활한 의사소통 노력 • 금융시장과 상품에 대한 분석적 자세 • 가용자금의 운용결과가 기업에 미치는 영향분석 자세

- 장비

장 비 명	단 위	활용구분(공용/전용)	1대당 활용인원
• 컴퓨터	대	공용	-
• 프린터	대	공용	30명
• 빔프로젝터	대	공용	30명
• 화이트보드	대	공용	30명

※ 장비는 주장비만 제시한 것으로 그 외의 장비와 공구는 별도로 확보

- 재료

재 료 목 록
• 해당없음

※ 재료는 주재료만 제시한 것으로 그 외의 재료는 별도로 확보

○ 과정/과목명 : 0203010202_14v2 자금조달준비

- 훈련개요

훈련목표	자금계획에 따라 자금의 조달방안을 수립하여 조달비용을 최소화 할 수 있는 조달방법을 결정하는 능력을 함양
수 준	5
최소훈련시간	24시간
훈련가능시설	강의실, 컴퓨터실
권장훈련방법	집체훈련

- 편성내용

단 원 명 (능력단위 요소명)	훈 련 내 용 (수행준거)	평가시 고려사항
자금조달방안 수립하기	1.1 자금계획에 따라 자금 시장 환경을 분석할 수 있다. 1.2 시장 환경 분석 결과에 따라 조달조건에 대한 타당성을 분석할 수 있다. 1.3 타당성 분석 결과에 따라 사업계획서에 부합된 조달방안을 수립할 수 있다.	- 평가자는 다음의 사항을 평가해야 한다. ● 자금 시장 환경을 분석과 조달조건의 타당성 분석을 수행하여 사업계획서에 부합된 조달방안을 수립할 수 있는 역량 보유 여부 ● 자금의 원천별 조달비용과 기업의 허용기준을 비교하여 조달비용이 최소가 될 수 있는 조달방법을 도출할 수 있는 역량 보유 여부 ● 자금조달방법의 우선순위를 설정하여 최적의 조달방법을 결정할 수 있는 역량 보유 여부
자금조달비용 산정하기	2.1 수립된 조달방안에 따라 자금의 원천별 조달비용을 산출할 수 있다. 2.2 원천별 조달비용과 기업의 허용기준을 비교하여 조달비용의 적정성을 평가할 수 있다. 2.3 평가 결과에 따라 조달비용이 최소화 될 수 있는 원천별 자금조달방법을 도출할 수 있다.	
자금조달방법 결정하기	3.1 도출된 원천별 자금조달방법에 대하여 자금의 유형별 자금조달방법을 분류할 수 있다. 3.2 분류된 자금조달 방법을 기준으로 용도에 맞게 자금조달방법의 우선순위를 설정할 수 있다. 3.3 선순위에 따라 최적의 조달방법을 결정할 수 있다.	

- 지식 · 기술 · 태도

구 분	주 요 내 용
지 식	• 자금 조달과 관련된 금융상품의 이해 • 자금조달의 종류와 절차 • 자금 조달조건에 대한 타당성 분석 • 자금조달 관련 법규 및 세제 • 자본조달 비용 계산과 적정성 평가 • 자본조달 비용 산출 방법
기 술	• 기초 함수를 포함한 스프레드시트 활용 기술 • 자금조달 방안별 타당성 분석기술 • 자금조달 비용 산출 기술
태 도	• 자금시장에 대한 다양하고 폭넓은 정보 수집 자세 • 조달조건의 타당성을 객관적으로 판단하려는 자세 • 조달방법을 경영성과와 연계하여 평가하려는 객관성 유지 노력 • 조달방법을 경영성과와 연계하여 평가하려는 객관적인 자세

- 장비

장 비 명	단 위	활용구분(공용/전용)	1대당 활용인원
• 컴퓨터	대	공용	-
• 프린터	대	공용	30명
• 빔프로젝터	대	공용	30명
• 화이트보드	대	공용	30명

※ 장비는 주장비만 제시한 것으로 그 외의 장비와 공구는 별도로 확보

- 재료

재 료 목 록
• 해당없음

※ 재료는 주재료만 제시한 것으로 그 외의 재료는 별도로 확보

○ 과정/과목명 : 0203010203_14v2 자금조달

- 훈련개요

훈련목표	수립된 자금조달 계획에 따라 기업 내·외부의 자금을 조달하고 관리할 수 있는 능력을 함양
수 준	5
최소훈련시간	40
훈련가능시설	강의실, 컴퓨터실
권장훈련방법	집체훈련

- 편성내용

단 원 명 (능력단위 요소명)	훈 련 내 용 (수행준거)	평가시 고려사항
내부자금 조달하기	1.1 현금흐름을 고려하여 이익잉여금을 통해 소요자금을 조달할 수 있다. 1.2 자산 수익률을 고려하여 자산 매각 등을 통하여 소요 자금을 조달할 수 있다. 1.3 대주주 등으로 부터 소요 자금을 조달할 수 있다.	- 평가자는 다음의 사항을 평가해야 한다. • 현금흐름을 고려하여 이익잉여금을 통해 소요 자금을 조달할 수 있는 역량 보유 여부 • 자산 수익률을 고려하여 자산 매각 등을 통하여 소요 자금을 조달할 수 있는 역량 보유여부 • 대주주 등으로 부터 소요 자금을 조달할 수 있는 역량 보유 여부 • 국·내외 금융시장을 통해서 소요자금을 조달할 수 있는 역량 보유 여부 • 정부정책자금제도를 통해서 소요자금을 조달할 수 있는 역량 보유 여부 • 지방자치단체의 자금지원제도를 통해서 소요자금을 조달할 수 있는 역량 보유 여부 • 매출채권 등에 대한 위험을 고려하여 선수금 규모를 결정 후 소요자금을 조달할 수 있는 역량 보유 여부 • 기업의 대내외 환경을 고려하여 국·내외 유가증권시장을 통해 소요자금을 조달할 수 있는 역량 보유 여부 • 조달된 자금을 자금조달계획과 비교하여 소요자금의 과부족 규모
외부자금 조달하기	2.1 국·내외 금융시장을 통해서 소요자금을 조달할 수 있다. 2.2 정부정책자금제도를 통해서 소요자금을 조달할 수 있다. 2.3 지방자치단체의 자금지원제도를 통해서 소요자금을 조달할 수 있다. 2.4 매출채권 등에 대한 위험을 고려하여 선수금 규모를 결정 후 소요자금을 조달할 수 있다. 2.5 기업의 대내외 환경을 고려하여 국·내외 유가증권시장을 통해 소요자금을 조달할 수 있다.	
조달자금 관리하기	3.1 조달된 자금을 자금조달계획과 비교하여 소요자금의 과부족 규모를 산정할 수 있다. 3.2 소요자금이 부족 시 추가적인 자금조달할 수 있다. 3.3 계획대비 조달자금이 초과된 경우 초과된 자금을 가용자금으로 운용할 수 있다.	

단 원 명 (능력단위 요소명)	훈련내용 (수행준거)	평가시 고려사항
		를 산정할 추가적인 자금조달과 초과된 자금을 가용자금으로 운용할 수 있는 역량 보유 여부

- 지식·기술·태도

구 분	주 요 내 용
지 식	• 내부자금 조달과 관련된 세법 • 상법 중 회사법 • 기업 회계기준 이해 • 산별 매각시장에 대한 이해 • 외환관리 이해 • 국·내외 유가증권시장의 이해 • 금융상품 종류와 특성 • 외부자금 조달을 위한 세법 • 금융감독원 업무 • 정부정책자금제도 활용 절차 및 방법 • 자금 조달과 관련된 금융상품의 이해 • 자금조달의 종류와 절차 • 자본조달 비용 산출 방법
기 술	• 회계처리 능력 • 내부 자금의 현금흐름 분석 능력 • 자산 수익률 비교 분석 능력 • 자금조달을 위한 사업계획서 작성 능력 • 신용평가 조사서 작성 능력 • 매출채권 위험 예측 능력 • 소요자금에 대한 과부족 산정기술 • 자금조달비용 비교분석기술 • 스프레드시트 활용기술
태 도	• 기업회계기준을 준수하려는 자세 • 인적 네트워크를 활용하는 태도 • 조달방법을 경영성과와 연계한 경영자적 자세 • 금융시장 담당자와 적극적인 관계유지 자세 • 자금조달계획의 이행의지 • 자금조달을 위한 적극적인 방안 도출 의지

- 장비

장 비 명	단 위	활용구분(공용/전용)	1대당 활용인원
• 컴퓨터	대	공용	-
• 프린터	대	공용	30명
• 빔프로젝터	대	공용	30명
• 화이트보드	대	공용	30명

※ 장비는 주장비만 제시한 것으로 그 외의 장비와 공구는 별도로 확보

- 재료

재 료 목 록
• 해당없음

※ 재료는 주재료만 제시한 것으로 그 외의 재료는 별도로 확보

○ 과정/과목명 : 0203010204_14v2 자금운용

- 훈련개요

훈련목표	자금계획에 따라 기업의 내·외부에서 조달된 자금을 목적에 맞추어 집행하고 관리하는 능력을 함양
수 준	4
최소훈련시간	16시간
훈련가능시설	강의실, 컴퓨터실
권장훈련방법	집체훈련

- 편성내용

단 원 명 (능력단위 요소명)	훈 련 내 용 (수행준거)	평가시 고려사항
가용자금 파악하기	1.1 조달된 자금에 따라 자금운용의 실행여부를 재검토 할 수 있다. 1.2 실행이 결정된 자금에 대하여 기간별 소요자금을 산출할 수 있다. 1.3 산출된 소요자금을 고려하여 여유자금을 파악할 수 있다.	- 평가자는 다음의 사항을 평가해야 한다. ● 실행이 결정된 자금에 대하여 기간별 소요자금을 산출하여 여유자금을 파악할 수 있는 역량 보유 여부 ● 여유자금에 대한 장·단기 자금운용 기준을 수립과 운영 계획을 수립하여 자금운영 일정표를 작성할 수 있는 역량 보유 여부 ● 결정된 지불 방법에 따라 자금을 집행하고 문제점 발생시 해결 할 수 있는 역량 보유 여부
자금운용방안 수립하기	2.1 파악된 여유자금에 따라 장·단기 자금운용 기준을 수립할 수 있다. 2.2 수립된 여유자금의 운용기준에 따라 장·단기 자금운영 계획을 수립할 수 있다. 2.3 수립된 장·단기 자금운용계획에 따라 자금운영 일정표를 작성할 수 있다.	
자금집행하기	3.1 자금운용 일정표에 따라 지불 방법을 결정할 수 있다. 3.2 결정된 지불 방법에 따라 자금을 집행할 수 있다. 3.3 집행된 자금에 대하여 결과를 확인할 수 있다. 3.4 집행 결과 확인 후 발생된 문제점을 해결할 수 있다.	

- 지식 · 기술 · 태도

구 분	주 요 내 용
지 식	• 화폐의 시간가치 이해 • 투자 자산과 유형 자산 회계처리 • 금융상품의 이해 • 투자 자산의 종류와 운용 • 투자안의 경제성 분석 • 자금 지불 수단과 지불방법 • 금융거래를 위한 실무 지식
기 술	• 스프레드시트 활용기술 • 여유자금 운영 기술 • 자금운용을 위한 일정표 작성 기술 • 장·단기 여유자금 운용 기술 • 투자자금 성과예측 기술 • 자금운용 일정표 작성 기술 • 함수를 적용한 스프레드시트 활용 기술 • 자금지출프로그램 운영기술
태 도	• 금융시장과 상품에 대한 분석력 • 가용자금의 운용결과가 기업에 미치는 영향에 대한 분석적 자세 • 자금운용에 대한 분석적 사고력 • 자금 운용결과가 기업에 미치는 영향 분석력 • 자금운용에 대한 분석적 사고 자세 • 금융시장과 상품에 대한 분석적 자세 • 자금 운용결과가 기업에 미치는 영향 분석적 자세

- 장비

장 비 명	단 위	활용구분(공용/전용)	1대당 활용인원
• 컴퓨터	대	공용	-
• 프린터	대	공용	30명
• 빔프로젝터	대	공용	30명
• 화이트보드	대	공용	30명

※ 장비는 주장비만 제시한 것으로 그 외의 장비와 공구는 별도로 확보

- 재료

재 료 목 록
• 해당없음

※ 재료는 주재료만 제시한 것으로 그 외의 재료는 별도로 확보

○ 과정/과목명 : 0203010205_14v2 자금정보제공

- 훈련개요

훈련목표	투자 유치와 투자자 보호를 위하여 공시규정에 따라 기업의 재무정보를 제공하는 능력을 함양
수 준	3
최소훈련시간	16시간
훈련가능시설	강의실, 컴퓨터실
권장훈련방법	집체훈련

- 편성내용

단 원 명 (능력단위 요소명)	훈련 내용 (수행준거)	평가시 고려사항
공시하기	1.1 자본시장과 금융투자업에 관한 법률에 따라 공시규정의 변경사항을 파악할 수 있다. 1.2 공시 규정에 따라 공시에 필요한 정보를 해당부서에 요청하여 취합할 수 있다. 1.3 취합된 재무정보를 활용하여 공시 서류를 작성할 수 있다 1.4 공시 기한 및 방법에 따라 정보를 공시할 수 있다 1.5 공시 정보의 변경 또는 오류 발생 시 정정 공시할 수 있다.	- 평가자는 다음의 사항을 평가해야 한다. ● 공시규정을 기준으로 경영공시 관련 정보를 추출하여 계산하여 재무정보 산출가능 여부 ● 공시 규정을 고려하여 취합된 재무정보를 기준으로 공시규정에서 요구하는 보고서 작성가능 여부 ● 작성된 보고서를 공시 기한 및 방법을 준수한 공시가능여부 ● 공시 후 수정사항이 있을 경우 정정 공시 가능 여부 ● 투자자의 요구에 따라 요청한 투자 관련 정보를 산출하여 정보를 투자자에 제공 후 추가 요구사항에 대응 가능 여부
재무정보 산출하기	2.1 공시규정에 따라 재무정보 항목을 파악할 수 있다. 2.2 재무제표를 근거로 하여 항목별 재무자료를 추출할 수 있다. 2.3 추출된 재무자료를 이용하여 항목별 재무정보를 산출할 수 있다.	
투자정보 지원하기	3.1 투자자 관리를 위하여 투자자의 요구 정보를 파악할 수 있다. 3.2 투자자의 요구에 따라 투자 관련 정보를 제공할 수 있다. 3.3 투자자의 추가 정보 요청 시 관련 내용을 제공할 수 있다.	

- 지식·기술·태도

구 분	주 요 내 용
지 식	• 공시 관련 규정 • 공시를 위한 재무 정보 이해 • 공시 서류 작성 실무 • 재무 정보에 대한 이해 • 공시 서류 작성 방법 • 공시규정 • 재무관련 정보 이해 • IR(Investor Relation)추진전략
기 술	• 공시 서류 작성기술 • 금융감독원 전자공시시스템 편집기 사용 기술 • 금융감독원 전자공시시스템 편집기 사용 능력 • 회계프로그램 활용 능력 • 함수를 활용한 스프레드시트 활용 능력 • 재무제표 분석 기술 • 투자 설명회를 위한 프레젠테이션 기술
태 도	• 정보 기입을 위한 꼼꼼한 자세 • 투자자의 이익을 고려하는 자세 • 정확한 정보 산출을 위한 노력 • 정보 기입을 위한 꼼꼼한 자세 • 투자자의 이익을 고려하는 태도 • 정확한 정보 산출을 위한 노력 • 회계적, 재무적 지표에 대한 정확히 분석하려는 노력 • 투자자에게 정확하고 신속하게 투자정보를 제공하려는 서비스 정신

- 장비

장 비 명	단 위	활용구분(공용/전용)	1대당 활용인원
• 컴퓨터	대	공용	-
• 프린터	대	공용	30명
• 빔프로젝터	대	공용	30명
• 화이트보드	대	공용	30명

※ 장비는 주장비만 제시한 것으로 그 외의 장비와 공구는 별도로 확보

- 재료

재 료 목 록
• 해당없음

※ 재료는 주재료만 제시한 것으로 그 외의 재료는 별도로 확보

○ 과정/과목명 : 0203010206_14v2 재무위험관리

- 훈련개요

훈련목표	기업의 재무위험을 최소화하기 위하여 위험대상의 식별, 대응계획 수립, 대응결과의 검토를 통해 재무위험을 최소 비용으로 관리하는 능력을 함양
수 준	5
최소훈련시간	24시간
훈련가능시설	강의실, 컴퓨터실
권장훈련방법	집체훈련

- 편성내용

단 원 명 (능력단위 요소명)	훈 련 내 용 (수행준거)	평가시 고려사항
위험대상 식별하기	1.1 자금의 조달, 운영방법에 따라 재무 위험의 종류를 파악할 수 있다. 1.2 파악된 위험의 종류에 따라 위험 노출정도를 분석할 수 있다. 1.3 분석된 위험 노출정도에 따라 통제 가능 여부를 판단할 수 있다.	- 평가자는 다음의 사항을 평가해야 한다. • 발생 가능한 재무 위험의 종류를 이해하고 위험의 종류대한 위험 노출정도를 분석할 통제 가능여부를 판단할 수 있는 역량 보유 여부 • 위험요소 관리 우선순위를 도출하여 위험 관리 비용 산출과 위험 관리방법을 결정하여 위험 통제 계획을 수립할 수 있는 역량 보유 여부 • 위험관리의 실행 적정성을 평가하여 위험관리 방법을 개선할 수 있는 역량 보유 여부
위험대상 대응하기	2.1 통제 가능한 위험요소에 대하여 관리 우선순위를 도출할 수 있다. 2.2 도출된 우선순위에 따라 위험 관리 비용을 산출할 수 있다. 2.3 산출된 관리비용을 기준으로 가능한 위험 관리방법을 결정할 수 있다. 2.4 결정된 관리 방법에 따라 위험 통제를 위한 계획을 수립할 수 있다.	
결과 검토하기	3.1 계획된 위험관리 방안에 따라 위험관리의 실행 적정성을 평가할 수 있다. 3.2 평가결과에 따라 위험관리계획을 보완할 수 있다. 3.3 수정된 위험관리 계획을 반영하여 위험관리 방법을 개선할 수 있다.	

- 지식 · 기술 · 태도

구 분	주 요 내 용
지 식	• 재무위험에 대한 분류방식 • 위험요소별 대응 방안 • 리스크 관리 규정 • 재무 위험 최소화를 위한 손익분석 • 재무 위험관리 • 기초통계분석
기 술	• 자금 운영 기술 • 위험률 분석 기술 • 위험통제 기술 • 재무 위험분류 능력 • 재무 위험의 계량화 능력 • 재무 위험 분석 능력 • 재무 위험관리 시뮬레이션 능력 • 통계프로그램 활용능력
태 도	• 정확성을 높이기 위한 세심한 자세 • 제안된 전략에 내재된 위험을 정확하게 예측하고자 하는 자세 • 위험에 적극적으로 대처하고자 하는 자세 • 상황변화에 적극적으로 대처하려는 자세 • 적극적인 위험관리 의식

- 장비

장 비 명	단 위	활용구분(공용/전용)	1대당 활용인원
• 컴퓨터	대	공용	-
• 프린터	대	공용	30명
• 빔프로젝터	대	공용	30명
• 화이트보드	대	공용	30명

※ 장비는 주장비만 제시한 것으로 그 외의 장비와 공구는 별도로 확보

- 재료

재 료 목 록
• 해당없음

※ 재료는 주재료만 제시한 것으로 그 외의 재료는 별도로 확보

○ 과정/과목명 : 0203010207_14v2 성과 분석

- 훈련개요

훈련목표	조직의 효율적인 자금운용을 위하여 계획 대비 실적에 대한 차이 분석과 원인에 대한 대응방안을 도출하여 차기계획에 반영 하는 능력을 함양
수 준	6
최소훈련시간	24시간
훈련가능시설	강의실, 컴퓨터실
권장훈련방법	집체훈련

- 편성내용

단 원 명 (능력단위 요소명)	훈 련 내 용 (수행준거)	평가시 고려사항
실적분석하기	1.1 평가의 객관성을 확보하기 위하여 실적 분석 기준을 수립할 수 있다. 1.2 수립된 실적분석 기준으로 계획 대비 실적을 분석할 수 있다. 1.3 분석된 결과에 대하여 차이 발생 시 차이 발생 원인을 분석할 수 있다.	- 평가자는 다음의 사항을 평가해야 한다. • 실적분석 기준으로 계획 대비 실적을 분석 자금운용에 대한 개선 방안을 제시할 수 있는 역량 보유 여부 • 실적분석 기준에 따라 해당 자금운용 평가보고서를 작성할 수 있는 역량 보유 여부 • 실적분석 자료에 따라 대응방안을 도출할 수 있는 역량 보유 여부 • 대응방안을 차기 자금운용 계획에 반영 가능성을 평가하여 차기 자금운용계획에 반영할 수 있는 역량 보유 여부
평가보고하기	2.1 실적분석 결과와 차이원인에 따라 대응방안을 도출할 수 있다. 2.2 도출된 대응방안을 반영하여 자금운용 평가보고서를 작성할 수 있다. 2.3 평가보고서에 작성된 내용에 따라 자금운용 평가 결과를 보고할 수 있다.	
차기계획 반영하기	3.1 보고된 대응방안을 검토하여 차기 자금운용계획에 반영여부를 판단할 수 있다. 3.2 반영여부에 따라 차기 자금운용계획에 대응방안을 반영할 수 있다. 3.3 대응방안이 반영된 자금운용계획을 작성하여 관련 부서에 교육할 수 있다.	

- 지식 · 기술 · 태도

구 분	주 요 내 용
지 식	• 자금운용 성과 분석 • 목표관리 절차와 방법 • 관리회계 실무 • 자금운용 평가 보고서 작성 • 계획 대비 실적분석 • 금융상품의 종류와 특성 • 자금조달 방법 • 재무관리에 대한 이해
기 술	• 성과관리 능력 • 실적분석 능력 • 평가결과 보고서 작성 • 평가보고서 프레젠테이션 능력 • 스프레드시트 활용 능력 • 금융상품의 운용 능력
태 도	• 자금운용을 위한 경영자적 자세 • 자금운용결과를 객관적인 분석 의지 • 자금운용 개선을 위한 적극적 자세 • 대안마련을 위한 적극적 자세 • 원활한 의사소통 노력 • 금융시장과 상품에 대한 분석적 자세 • 가용자금의 운용결과가 기업에 미치는 영향분석 자세

- 장비

장 비 명	단 위	활용구분(공용/전용)	1대당 활용인원
• 컴퓨터	대	공용	-
• 프린터	대	공용	30명
• 빔프로젝터	대	공용	30명
• 화이트보드	대	공용	30명

※ 장비는 주장비만 제시한 것으로 그 외의 장비와 공구는 별도로 확보

- 재료

재 료 목 록
• 해당없음

※ 재료는 주재료만 제시한 것으로 그 외의 재료는 별도로 확보

III. 고려사항

1. 활용방법
    ○ 훈련기준에서 제시한 이외의 과정수립에 필요한 사항은 「근로자직업능력개발법」 등 관련 규정을 참고하시기 바랍니다.
    ○ 본 훈련기준의 훈련과정은 모듈식 으로, 장-단기과정 모두에서 활용가능하며, 훈련사업별로 요구하는 훈련과정 편성지침에 따라 편성할 수 있습니다.
    ○ 3월 350시간 이상의 장기 훈련과정을 편성하는 경우, 수강생의 수준에 적합하게 훈련이수체계도에서 제시한 해당직종의 훈련과정/과목을 필수로 반영하고, 이외 관련 직종의 과정/과목을 선택하여 편성할 수 있습니다.
        * 단, 훈련생이 '필수과정'의 일부 훈련 과정/과목을 이수하거나, 직무수행경력이 있는 경우에는 해당 훈련과정/과목을 제외하고 훈련할 수 있습니다.
        * 효율적으로 훈련하기 위해 둘 이상의 과정/과목을 결합하여 대(大)과목으로 편성하거나, 하나의 과정/과목을 둘 이상의 세(細)과목으로 편성하여 훈련할 수 있습니다.
        * 훈련과정/과목에서 제시한 훈련시간은 훈련생의 학습능력을 고려하여 최대 50%까지 연장하여 훈련할 수 있습니다.

2. 참고사항

    가. 관련자격종목
    ○ 경영지도사(재무관리)

    나. 직업활동 영역
    ○ 민간 및 공공기관 재무 관리 담당자
    ○ 민간 및 협회 자금 관련 강사
    ○ 금융상품 관련 담당자

    다. 국가직무능력표준 관련 직종
    ○ 예산

라. 관련 홈페이지 안내
  ○ 훈련기준 및 국가직무능력표준 : http://www.ncs.go.kr
  ○ 자격정보 : http://www.q-net.or.kr
  ○ 훈련교재 및 매체 : http://book.hrdkorea.or.kr

3 출제기준

□ 개발목적
　○ 각종 자격의 시험문제 작성시 활용하는 기준을 국가직무능력표준에 따라 제시하기 위하여 출제기준(시안)* 개발
　　* 출제기준(시안) : 출제기준의 경우에는 이를 확정하는 절차를 법령으로 정하여 운영함에 따라 확정된 '출제기준'과 국가직무능력표준을 근거로 마련된 출제기준을 구분하기 위하여 '출제기준(시안)' 용어 사용

□ 활용대상
　○ 국가기술자격법에 따른 국가기술자격
　○ 개별법령에 따른 국가전문자격
　○ 자격기본법에 따른 공인민간자격, 민간자격
　○ 고용보험법에 따른 사업내 자격

□ 활용(예시)
　○ 자격 및 자격취득자 특성에 따라 능력단위별 출제기준(시안)을 조합하여 출제기준으로 활용

<방법> 국가직무능력표준 개발시 관련자격 개선 의견(예시)로 제시된 내용을 그대로 활용

자격종목	능력단위		수준
	분류번호	명칭	
궤도기능사(가칭)	14220603_12v1	궤도부설	5
	14220602_12v1	레일용접	4
	14220605_12v1	부대공사	3

1.1. 출제기준(시안)

Ⅰ. 자격개요

1. 자격 정의

대 분 류	02.경영·회계·사무	중 분 류	3.재무·회계	소 분 류	1.재무
자격종목명		자금		분류번호	0203010201
자격종목정의		자금은 예산계획에 따라 기업의 영업, 투자, 재무 활동을 수행할 수 있도록 필요 자금의 계획 수립, 조달, 운용을 하고 발생 가능한 위험 관리 및 성과를 평가하는 능력이다.			

Ⅱ. 능력단위별 출제기준(시안)

능력 단위		자금계획수립		능력단위 수준	6
분류 번호		0203010201_14v2			
능력단위 정의		자금계획수립이란 기업 경영에 필요한 영업, 투자, 재무활동을 수행하기 위하여 자금의 조달과 운용 계획을 수립하는 능력이다.			
평 가 방 법		지필평가 : 서술형		시 간	60분
		실무평가 : 평가자체크리스트		시 간	120분
평가 내용	능력단위 요소 (세부항목)	수 행 준 거 (세세항목)			
	영업활동 자금계획하기	1.1 사업계획에 따라 판매, 생산, 구매 등 영업활동과 관련된 항목을 분류할 수 있다. 1.2 분류한 항목에 따라 영업활동과 관련된 현금흐름을 도출할 수 있다. 1.3 도출된 현금흐름에 대하여 적정성을 평가할 수 있다. 1.4 평가결과에 따라 자금의 현금흐름을 조정하여 영업활동 자금계획을 수립할 수 있다.			
	투자활동 자금계획하기	2.1 사업계획에 따라 투자 목적의 자산 취득과 평가·처분 등과 관련된 항목을 분류할 수 있다. 2.2 영업활동 자금계획에 따라 투자자산의 매매 여부를 결정할 수 있다. 2.3 결정된 투자자산의 매매 여부에 대하여 적정성을 평가할 수 있다. 2.4 평가결과에 따라 자금의 현금흐름을 조정하여 투자활동 자금계획을 수립할 수 있다.			
	재무활동 자금계획하기	3.1 영업 및 투자활동 자금계획에 따라 적정 자금 규모를 산출할 수 있다. 3.2 적정 자금에 따라 재무활동 자금계획을 수립할 수 있다. 3.3 수립된 재무활동 자금계획을 기준으로 사업계획의 변경 여부를 담당부서와 협의할 수 있다. 3.4 도출된 영업, 투자, 재무 활동 자금계획을 통합하여 자금계획서를 작성할 수 있다.			

관련 지식	- 영업활동 필요자금에 대한 회계적 지식 - 영업활동과 관련된 재무제표 지식 - 현금흐름 적정성 평가 - 재무 분석 - 투자활동의 개념 - 특별부가세	- 화폐의 시간가치의 개념 - 투자활동 필요자금에 대한 회계적 지식 - 투자활동과 관련된 재무제표 이해 - 투자대상 경제성 분석 - 재무활동의 개념 - 법인세법 - 유가증권 상장 규정 관련 법규
평가 시설· 장비	- 컴퓨터 - 프린터 - 빔 프로젝터	

능력단위	자금조달준비		능력단위 수준	5
분류번호	0203010202_14v2			
능력단위 정의	자금조달준비란 자금계획에 따라 자금의 조달방안을 수립하여 조달비용을 최소화 할 수 있는 조달방법을 결정하는 능력이다.			
평가 방법	지필평가 : 서술형		시 간	60분
	실무평가 : 평가자체크리스트		시 간	120분

	능력단위 요소 (세 부 항 목)	수 행 준 거 (세 세 항 목)
평가 내용	자금조달방안 수립하기	1.1 자금계획에 따라 자금 시장 환경을 분석할 수 있다. 1.2 시장 환경 분석 결과에 따라 조달조건에 대한 타당성을 분석할 수 있다. 1.3 타당성 분석 결과에 따라 사업계획서에 부합된 조달방안을 수립할 수 있다.
	자금조달비용 산정하기	2.1 수립된 조달방안에 따라 자금의 원천별 조달비용을 산출할 수 있다. 2.2 원천별 조달비용과 기업의 허용기준을 비교하여 조달비용의 적정성을 평가할 수 있다. 2.3 평가 결과에 따라 조달비용이 최소화 될 수 있는 원천별 자금조달방법을 도출할 수 있다.
	자금조달방법 결정하기	3.1 도출된 원천별 자금조달방법에 대하여 자금의 유형별 자금조달방법을 분류할 수 있다. 3.2 분류된 자금조달 방법을 기준으로 용도에 맞게 자금조달방법의 우선순위를 설정할 수 있다. 3.3 선순위에 따라 최적의 조달방법을 결정할 수 있다.
관련 지식	- 자금조달과 관련된 금융상품의 이해 - 자금조달의 종류와 절차 - 자금조달조건에 대한 타당성 분석 - 자금조달 관련 법규 및 세제 - 자본조달 비용 계산과 적정성 평가 - 자본조달 비용 산출 방법	
평가 시설· 장비	- 컴퓨터 - 프린터 - 빔 프로젝터	

능력 단위	자금조달	능력단위 수준	5
분류번호	0203010203_14v2		
능력단위 정의	자금조달이란 수립된 자금조달 계획에 따라 기업 내·외부의 자금을 조달하고 관리할 수 있는 능력이다.			
평가방법	지필평가 : 서술형	시 간	60분
	실무평가 : 평가자체크리스트	시 간	120분

	능력단위 요소 (세부 항목)	수 행 준 거 (세세 항목)
평가 내용	내부자금 조달하기	1.1 현금흐름을 고려하여 이익잉여금을 통해 소요 자금을 조달할 수 있다. 1.2 자산 수익률을 고려하여 자산 매각 등을 통하여 소요 자금을 조달할 수 있다. 1.3 대주주 등으로 부터 소요 자금을 조달할 수 있다.
	외부자금 조달하기	2.1 국·내외 금융시장을 통해서 소요자금을 조달할 수 있다. 2.2 정부정책자금제도를 통해서 소요자금을 조달할 수 있다. 2.3 지방자치단체의 자금지원제도를 통해서 소요자금을 조달할 수 있다. 2.4 매출채권 등에 대한 위험을 고려하여 선수금 규모를 결정 후 소요자금을 조달할 수 있다. 2.5 기업의 대내외 환경을 고려하여 국·내외 유가증권시장을 통해 소요자금을 조달할 수 있다.
	조달자금 관리하기	3.1 조달된 자금을 자금조달계획과 비교하여 소요자금의 과부족 규모를 산정할 수 있다. 3.2 소요자금이 부족 시 추가적인 자금조달 할 수 있다. 3.3 계획대비 조달자금이 초과된 경우 초과된 자금을 가용자금으로 운용할 수 있다.
관련 지식	- 내부자금 조달과 관련된 세법 - 상법 중 회사법 - 기업 회계기준 이해 - 산별 매각시장에 대한 이해 - 외환관리 이해 - 국·내외 유가증권시장의 이해 - 금융상품 종류와 특성 - 외부자금 조달을 위한 세법 - 금융감독원 업무 - 정부정책자금제도 활용 절차 및 방법 - 자금 조달과 관련된 금융상품의 이해 - 자금조달의 종류와 절차 - 자본조달 비용 산출 방법	
평가 시설· 장비	- 컴퓨터 - 프린터 - 빔 프로젝터	

능력 단위	자금운용	능력단위 수준	4
분류번호	0203010204_14v2		

능력단위 정의	자금운용이란 자금계획에 따라 기업의 내·외부에서 조달된 자금을 목적에 맞추어 집행하고 관리하는 능력이다.		
평가 방법	지필평가 : 서술형	시 간	60분
	실무평가 : 평가자체크리스트	시 간	120분

평가 내용	능력단위 요소 (세부항목)	수 행 준 거 (세세항목)
	가용자금 파악하기	1.1 조달된 자금에 따라 자금운용의 실행여부를 재검토할 수 있다. 1.2 실행이 결정된 자금에 대하여 기간별 소요자금을 산출할 수 있다. 1.3 산출된 소요자금을 고려하여 여유자금을 파악할 수 있다.
	자금운용방안 수립하기	2.1 파악된 여유자금에 따라 장·단기 자금운용 기준을 수립할 수 있다. 2.2 수립된 여유자금의 운용기준에 따라 장·단기 자금운영 계획을 수립할 수 있다. 2.3 수립된 장·단기 자금운용계획에 따라 자금운영 일정표를 작성할 수 있다.
	자금집행하기	3.1 자금운용 일정표에 따라 지불 방법을 결정할 수 있다. 3.2 결정된 지불 방법에 따라 자금을 집행할 수 있다. 3.3 집행된 자금에 대하여 결과를 확인할 수 있다. 3.4 집행 결과 확인 후 발생된 문제점을 해결할 수 있다.

관련 지식	- 화폐의 시간가치 이해 - 투자 자산과 유형 자산 회계처리 - 금융상품의 이해 - 투자 자산의 종류와 운용 - 투자안의 경제성 분석 - 자금 지불 수단과 지불방법 - 금융거래를 위한 실무 지식
평가 시설·장비	- 컴퓨터 - 프린터 - 빔 프로젝터

능력단위 분류번호	자금정보제공 0203010205_14v2		능력단위 수준	3
능력단위 정의	자금정보제공이란 투자 유치와 투자자 보호를 위하여 공시규정에 따라 기업의 재무정보를 제공하는 능력이다.			
평 가 방 법	지필평가 : 서술형		시 간	60분
	실무평가 : 평가자체크리스트		시 간	120분

	능력단위 요소 (세 부 항 목)	수 행 준 거 (세 세 항 목)
평가 내용	공시하기	1.1 자본시장과 금융투자업에 관한 법률에 따라 공시규정의 변경사항을 파악할 수 있다. 1.2 공시 규정에 따라 공시에 필요한 정보를 해당부서에 요청하여 취합할 수 있다. 1.3 취합된 재무정보를 활용하여 공시 서류를 작성할 수 있다 1.4 공시 기한 및 방법에 따라 정보를 공시할 수 있다 1.5 공시 정보의 변경 또는 오류 발생 시 정정 공시할 수 있다.
	재무정보 산출하기	2.1 공시규정에 따라 재무정보 항목을 파악할 수 있다. 2.2 재무제표를 근거로 하여 항목별 재무자료를 추출할 수 있다. 2.3 추출된 재무자료를 이용하여 항목별 재무정보를 산출할 수 있다.
	투자정보 지원하기	3.1 투자자 관리를 위하여 투자자의 요구 정보를 파악할 수 있다. 3.2 투자자의 요구에 따라 투자 관련 정보를 제공할 수 있다. 3.3 투자자의 추가 정보 요청 시 관련 내용을 제공할 수 있다.
관련 지식	- 공시 관련 규정 - 공시를 위한 재무 정보 이해 - 공시 서류 작성 실무 - 재무 정보에 대한 이해 - 공시 서류 작성 방법 - 공시규정 - 재무관련 정보 이해 - IR(Investor Relation)추진전략	
평가 시설· 장비	- 컴퓨터 - 프린터 - 빔 프로젝터	

능력 단위	재무위험관리	능력단위 수준	5
분류번호	0203010206_14v2		
능력단위 정의	재무위험관리란 기업의 재무위험을 최소화하기 위하여 위험대상의 식별, 대응계획 수립, 대응결과의 검토를 통해 재무위험을 최소 비용으로 관리하는 능력이다.			
평가 방법	지필평가 : 서술형	시 간	60분
	실무평가 : 평가자체크리스트	시 간	120분

	능력단위 요소 (세부항목)	수 행 준 거 (세세항목)
평가 내용	위험대상 식별하기	1.1 자금의 조달, 운영방법에 따라 재무 위험의 종류를 파악할 수 있다. 1.2 파악된 위험의 종류에 따라 위험 노출정도를 분석할 수 있다. 1.3 분석된 위험 노출정도에 따라 통제 가능 여부를 판단할 수 있다.
	위험대상 대응하기	2.1 통제 가능한 위험요소에 대하여 관리 우선순위를 도출할 수 있다. 2.2 도출된 우선순위에 따라 위험 관리 비용을 산출할 수 있다. 2.3 산출된 관리비용을 기준으로 가능한 위험 관리방법을 결정할 수 있다. 2.4 결정된 관리 방법에 따라 위험 통제를 위한 계획을 수립할 수 있다.
	결과 검토하기	3.1 계획된 위험관리 방안에 따라 위험관리의 실행 적정성을 평가할 수 있다. 3.2 평가결과에 따라 위험관리계획을 보완할 수 있다. 3.3 수정된 위험관리 계획을 반영하여 위험관리 방법을 개선할 수 있다.

관련 지식	- 재무위험에 대한 분류방식 - 위험요소별 대응 방안 - 리스크 관리 규정 - 재무 위험 최소화를 위한 손익분석 - 재무 위험관리 - 기초통계분석 - 위험요소별 대응 방안 수립 - 재무위험에 대한 분류방식 - 위험요소별 대응 방안 - 리스크 관리 규정

평가 시설· 장비	- 컴퓨터 - 프린터 - 빔 프로젝터

능력단위	성과 분석	능력단위 수준	6
분류번호	0203010207_14v2		

능력단위 정의	성과 분석이란 조직의 효율적인 자금운용을 위하여 계획 대비 실적에 대한 차이 분석과 원인에 대한 대응방안을 도출하여 차기계획에 반영 하는 능력이다.

평가 방법	지필평가 : 서술형	시 간	60분
	실무평가 : 평가자체크리스트	시 간	120분

평가 내용	능력단위 요소 (세부항목)	수행준거 (세세항목)
	실적분석하기	1.1 평가의 객관성을 확보하기 위하여 실적 분석 기준을 수립할 수 있다. 1.2 수립된 실적분석 기준으로 계획 대비 실적을 분석할 수 있다. 1.3 분석된 결과에 대하여 차이 발생 시 차이 발생 원인을 분석할 수 있다.
	평가보고하기	2.1 실적분석 결과와 차이원인에 따라 대응방안을 도출할 수 있다. 2.2 도출된 대응방안을 반영하여 자금운용 평가보고서를 작성할 수 있다. 2.3 평가보고서에 작성된 내용에 따라 자금운용 평가 결과를 보고할 수 있다.
	차기계획 반영하기	3.1 보고된 대응방안을 검토하여 차기 자금운용계획에 반영여부를 판단 할 수 있다. 3.2 반영여부에 따라 차기 자금운용계획에 대응방안을 반영할 수 있다. 3.3 대응방안이 반영된 자금운용계획을 작성하여 관련 부서에 교육할 수 있다.

관련 지식	- 자금운용 성과 분석 - 목표관리 절차와 방법 - 관리회계 실무 - 자금운용 평가 보고서 작성 - 계획 대비 실적분석 - 금융상품의 종류와 특성 - 자금조달 방법 - 재무관리에 대한 이해

평가 시설·장비	- 컴퓨터 - 프린터 - 빔 프로젝터

CHAPTER IV

부 록

I. 자금 분야 산업현장 검증

1 검증 사업체 현황(가나다순)

☐ 자금

번호	사 업 체 명	부 서	성 명
1	국민은행	태평로지점	나○○
2	기아자동차	관리부	방○○
3	남강기획	대표이사	조○○
4	남동농업협동조합	한화지점	박○○
5	농협	농협예금계	임○○
6	대한설비건설공제조합	업무부	조○○
7	대한전문건설협회	사무국장	방○○
8	동원이엔텍	대표이사	김○○
9	미디어플렉스	재경팀	김○○
10	민국저축은행	경영지원부	김○○
11	민국저축은행	여신	조○○
12	베스타미	총괄	조○○
13	부천농협	여신	최○○
14	성원개발	관리팀	이○○
15	스카이저축은행	총무팀	조○○
16	스포츠토토	재경팀	나○○
17	스포츠토토온라인	경영지원팀	김○○
18	아로애프앤드	총괄팀	이○○
19	엑셀리스코리아㈜	finance &accouting	변○○
20	예은암푸드	업무부	조○○
21	오리온	자금팀	최○○
22	오리온레포츠	경영지원팀	박○○
23	우리은행	지점장	임○○
24	유비케어	경영지원파트	김○○
25	이엑스알코리아	총무	오○○
26	㈜씨엠아이트랜스	대표이사	임○○
27	㈜아이즈비전	경영기획팀	이○○
28	㈜티온소프트	경영전략본부	이○○
29	㈜티온소프트	경영전략본부	조○○
30	㈜ING 생명보험	경영지원팀	김○○
31	㈜골드닥	대표	김○○
32	㈜동양통운	관리부	최○○
33	㈜삼적삼소스코	재무부	조○○

34	㈜한화 63 씨티	경영지원팀	신○○
35	중앙일보	경영지원실	이○○
36	코아시농정보	경영지원부	이○○
37	탠디맨닥터	과장	남○○
38	풀무원	경영지원팀	유○○
39	한빛엔지니어링주식회사	수자원개발	박○○
40	호반건설	경영지원팀	김○○

2 검증 결과

□ 자금

구 분	세 부 내 용	업체수	평균 점수	평가 결과
1. 직무구조	1.1 능력단위 구성	45	3.90	적합
2. 직무 및 능력단위	2.1 직무정의	45	4.00	적합
	2.2 능력단위 정의	45	4.12	적합
	2.3 능력단위	45	4.12	적합
3. 능력단위요소	3.1 능력단위요소	45	4.10	적합
	3.2 수행준거	45	4.12	적합
	3.3 지식	45	4.12	적합
	3.4 기술	45	4.22	적합
	3.5 태도	45	4.22	적합
4. 직업기초능력	4.1 직업기초능력	45	4.05	적합
5. 적용범위 및 작업 상황	5.1 고려사항	45	4.12	적합
	5.2 자료·관련서류	45	4.20	적합
	5.3 장비·도구	45	4.22	적합
6. 평가지침	6.1 평가방법	45	3.95	적합
	6.2 평가시 고려사항	45	4.05	적합
7. 능력단위 및 능력단위요소 수준 평정	7.1 능력단위 수준 평정	45	4.15	적합
	7.2 능력단위요소 수준 평정	45	4.12	적합
8. 관련자격 개선 의견	8.1 자격과 표준 비교안	45	4.05	적합
	8.2 자격 개선의견	45	3.98	적합

Ⅱ. 자금 분야 표준 개발 참여 전문가 명단

□ 세분류명:자금

구 분		소 속	직 위	성 명
개발 전문가	산업현장	한국IBM	이사	김수환
		넥상스코리아㈜	차장	김형수
		오리온	과장	박성화
		㈜서울생주조	상무	서동욱
		㈜아주코퍼레이션	차장	심봉현
		민국저축은행	대리	황기범
	교육 훈련	케이앤피인베스트먼트㈜	이사	황보우
		배화여대	교수	윤관호
		남서울대학교	교수	윤석곤
	자격	서울여자상업고등학교	교사	이춘덕
		전 한국직업능력개발원	박사	정택수
WG심의위원		한빛전자㈜ 총괄	관리팀장	문승일
		성도회계법인	부대표	유재규
		(현)고용노동부 대한민국 산업현장교수	산업현장교수	윤판성
		J&B 컨설팅	대표 컨설턴트	정진문
		㈜ 제이투비	대표	정헌웅
		용인송담대학교	교수	정호영
		명지전문대학교	교수	차승복
		㈜우리경영기술	대표이사	천순례
		명지전문대학교	교수	최진선
검토위원		㈜ 큐엠씨	전무이사	송문헌
		부산과학기술대학교	조교수	송영렬
개발용역 수행기관		한국HRM협회	이사	이원희
		한국HRM협회	이사	현창호
		한국HRM협회	과장	최영희
		한국HRM협회	연구원	서송이
한국산업인력공단		표준개발실	실장	김록환
		표준개발1팀	팀장	김병천
		표준개발1팀	위원	방미현